Disrupt Yourself
颠覆式成长

Whitney Johnson

[美] 惠特尼·约翰逊 著 张瀚文 译

S型曲线精进法则
Putting the Power
of Disruptive
Innovation to Work

中信出版集团·北京

图书在版编目（CIP）数据

颠覆式成长 /（美）惠特尼·约翰逊著；张瀚文译 . -- 北京：中信出版社，2018.8（2018.8重印）

书名原文：Disrupt Yourself：Putting the Power of Disruptive Innovation to Work

ISBN 978-7-5086-8978-4

I. ①颠⋯ II. ①惠⋯ ②张⋯ III. ①商业管理 IV. ①F712

中国版本图书馆CIP数据核字（2018）第101879号

Disrupt Yourself: Putting the Power of Disruptive Innovation to Work by Whitney Johnson
Copyright © 2015 by Whitney Johnson
First published by Bibliomotion, Inc., Brookline, Massachusetts, USA.
This translation is published by arrangement with Bibliomotion, Inc. through Andrew Nurnbrg Associates Interational Limited
Simplified Chinese translation copyright © 2018 by CITIC Press Corporation
ALL RIGHTS RESERVED
本书仅限中国大陆地区发行销售

颠覆式成长

著　者：[美] 惠特尼·约翰逊
译　者：张瀚文
出版发行：中信出版集团股份有限公司
　　　　　（北京市朝阳区惠新东街甲4号富盛大厦2座　邮编　100029）
承　印　者：北京楠萍印刷有限公司

开　　本：880mm×1230mm　1/32　　印　张：7　　字　数：80千字
版　　次：2018年8月第1版　　　　　印　次：2018年8月第2次印刷
京权图字：01-2016-3827
书　　号：ISBN 978-7-5086-8978-4
定　　价：49.00元

版权所有·侵权必究
如有印刷、装订问题，本公司负责调换。
服务热线：400-600-8099
投稿邮箱：author@citicpub.com

谨以本书献给不断鼓励我前进的爱人

《颠覆式成长》获得的赞誉

约翰逊从美林证券的分析师转身成为企业家，用自身实践展现了自我颠覆者的精进法则。全书简洁实用、通俗易懂、引人深思。它没有长篇说教，而是为你在迎接新的挑战时提供充足的工具、指引与理论基础。

——《出版人周刊》

"安逸"这个词并不适合今天快节奏变化的市场。这本书值得每一位追求脱颖而出的人读一读，它告诉你如何在不确定的商业环境中不断创新。

——埃里克·里斯　畅销书《精益创业》作者

"颠覆"可以让你认识到为何有些企业生机盎然而有些企业则气息奄奄。惠特尼将这个词应用在不同的环境中，让你看到为什么有些人会如此成功。我非常喜欢这本书！

——克莱顿·克里斯坦森　哈佛商学院教授，《纽约时报》畅销书《创新者的窘境》作者

假如你对职业生涯的规划是明哲保身，坚守在你已熟悉的领域中，那么准备好让惠特尼·约翰逊彻底改变你的想法吧。透过已知会引领我们看往未知。这本书一定会激励你跳跃到新的曲线上，不断创新，从而成为人生赢家。

——莉兹·怀斯曼　畅销书《新鲜感》与《成为乘法领导者》作者

《颠覆式成长》获得的赞誉

这本书读起来就像是一本有关创新的操作手册，而且提出许多很有价值的观点。认识你所擅长的，找到意想不到的方式将你的优势应用于市场。作者所倡导的戏剧性"飞跃"正是创造力与成就卓越的基础。

——史蒂夫·沃兹尼亚克　苹果公司联合创始人，云存储初创企业Primary Data首席科学家

我们往往被寄予厚望：要崭露头角、驰骋商场，从而被锁定在一个固定的成功范式中。惠特尼·约翰逊能够高屋建瓴，在个人成长的过程中颠覆传统、展示自我、发挥优势，以自己独特的方式处事和思考，从而突破自我创造力和个人效能，并真正地享受生活。

——苏珊·凯恩　《纽约时报》畅销书《内向性格的竞争力》作者

哇！这本书赢得了"简明英语"奖。换句话说，这似乎是我读到过的有关商业与职业发展的最好的读物。其建议中肯、观点鲜明、基于事实，并且具有很强的可操作性。它可以让一位40岁的人像20岁那样充满激情地工作。

——汤姆·彼得斯　畅销书《追求卓越》作者

当我们达到一定的成长高峰后，如何平衡换挡，惠特尼·约翰逊给我们带来了一个激动人心且极具说服力的范例。她不仅解释了如何以及为什么要这样做，更在不断激励着我们沿着这条路持续创新。

——亚当·格兰特　沃顿商学院教授，《纽约时报》畅销书《沃顿商学院最受欢迎的成功课》作者几乎每一位领导者都会将持续学习与个人成长挂在嘴边，称其为在事业与生活上取得成功的金科玉律。在这本书中，惠特尼·约翰逊展示了如何将其付诸实践，通过构建起一个扎实的基础来确保自己不断改变、持续学习，令自己处于不败之地。

——吉安皮耶罗·彼崔格里利　欧洲工商管理学院
组织行为学副教授

惠特尼·约翰逊的这本书为你带来简明扼要的操作指南，帮助你在事业上突飞猛进，也是市场发展的驱动力量。她创造性的方法能够充分发挥你的优势，让你比墨守成规更快抵达成功。我强烈推荐这本书。

——米歇尔·麦克纳-多尔　美国国家橄榄球联盟
高级副总裁兼首席信息官

你一定知道想要得到体面的身份与生活,必须要不断创新、承担风险,以及发现并把握住机遇。但是如何在实践中操作,这会让你颇费周折。所幸的是,惠特尼·约翰逊将为我们揭示如何完成颠覆式成长与创新。她的这本书也会成为你宝贵的指南。

——海蒂·格兰特·霍尔沃森　哥伦比亚大学商学院教授,畅销书《高效达成目标》作者

目 录

前言 解读S型曲线　　　VII

第一章　做勇敢的拓荒者

不管你是进入一个陌生的商业领域,还是被分配到其他部门,抑或开始一项全新的工作,首先要弄清楚一个问题:我要做什么。在S型曲线的启动阶段,就是要明确在竞争风险和市场风险这两大商业环境中如何正确辨识风险,从而发现潜在的商业需求。

工作的两大属性:功能性和情感性　004

找出你心仪的工作　006

天生的冒险者　011

"正确"的风险　012

"错误"的风险　017

开创全新领域的智慧　020

颠覆式成长

第二章　正确匹配自身优势与潜在机遇

颠覆者的潜在机遇与自身优势的完美结合，是 S 型曲线初始阶段所应具备的独特本领。当你发现既能激发你强烈的兴趣，又契合你专业知识的领域，那就是你最适合探索与成长的地方。

几个问题帮你清晰自己的优势　026

独一无二的优势是颠覆式成长的强力支撑点　035

成长在于优势与机遇的完美匹配　038

承受曲线最初的困难阶段　041

第三章　让制约创造价值

接受全新挑战时，我们需要改变固有的思维方式，比如制约。完全没有制约的自由在现实中是不存在的，如果有效加以运用制约条件，它绝对是创造价值的有效工具。

适当的制约会产生积极的反馈　050

清晰的思考＋正确的制约＝明确的答案　053

制约有助于提高专注度　056

施以限制　058

制约转化为优势的 6 个技巧　065

制约条件的反作用力　069

目 录

第四章　自恃扼杀创新

自恃是指随着我们资历增长而形成的心理上的某些优越感。自恃的种类有很多，比如文化自恃、情绪自恃和智力自恃。这些自恃引起的偏执将扼杀企业与个人的创新萌芽，所以必须寻求解药，先于他人改变自己，助力颠覆式成长。

文化自恃：切忌管中窥豹 078

解药：扩大社交网络，融入新的文化 079

情绪自恃：避开自怨自艾的泥淖 084

解药：对梦想心怀感恩 086

智力自恃：对异议不要心生抵触 088

解药：与异议结盟，助力颠覆式成长 090

先于他人改变自己 093

第五章　多维度生长

无论是企业还是个人，有时候一味地勇往直前换来的不是停滞不前，就是碰壁难行，所以有的时候需要采取以退为进的策略找到新的助力点和潜在的时机，调整成功的指标，为成长曲线的迅速上升积蓄力量。

以退为进：突破成长天花板的契机 098

把握后退一步的时间 105

做好后退一步的准备 109

重新定义成功的标准 112

颠覆式成长

第六章　坦然面对失败

约翰·弥尔顿说："心灵自有所归属，天堂与地狱只在一念之间。"成功与失败亦是如此。在颠覆式成长之旅中，失败是不可避免，甚至是必要的，面对它，接受它，并汲取其中的经验与教训，你会更容易找到属于自己的成功之路。

为何我们会厌恶失败　122

学会失败　124

"五问法"帮你找到失败的根源　134

第七章　探索精神，驱动未来

尚未被定义的市场，可能就是颠覆者涉足的领域。但是这个过程不仅需要明确的方向和目标，还需要探索驱动式方法，在孤独和恐惧中勇往直前，披荆斩棘，用强大的意志和决心攀登属于颠覆者的S型曲线。

按图索骥的传统计划　143

开启探索驱动式计划的步骤　146

探索发现是成功的内驱力　148

颠覆式成长的开始是无法预测到结局的　152

战胜孤独与恐惧的探索之旅　155

目 录

后　记　开启你的颠覆式成长之旅　163

致　谢　167

注　释　171

参考文献　183

前言

解读S型曲线

巨浪席卷之际,众生皆为平等。

——莱尔德·汉密尔顿,职业冲浪人

2005年,我时任美林证券公司分析师。某天下午,我对好友说打算离开华尔街,这让她大为惊讶,"你确定知道自己在做什么?"她问道,并委婉地提醒我是否失去了理智。

她做出如此反应事出有因,当时我的工作是对公司股票的买卖提出资深建议,许多方面都证明了我是该领域的高手。例如,不久前我出席墨西哥美洲电信公司(现已是全球第四大无线运营商）举办的投资者日活动，欣喜地听到控股股东、荣登世界富豪榜前列的卡洛斯·斯利姆在演讲中引述了我的研究，称我为"首席评估师惠特尼"。另外，包括富达投资在内的大型金融机构都会寻求我的帮助来创建金融模型。在证券市场上，每当我将一只股票的评级提升或降低时，往往都会引起其数个百分点的股价波动。

　　一切都印证了我正处于华尔街生涯的巅峰时期，而这样的声誉与影响也来之不易。1989年，我与丈夫迁居纽约，以便他攻读哥伦比亚大学分子生物学博士学位。我们需要支付他在校期间的开支，换而言之，我必须找到一份工作。但现实情况是除了在大学主修的钢琴外，我并没有其他特长和技能。在缺乏商业渠道、人脉关系和自信心的背景下，我最后在位于曼哈顿中城的美邦集团零售代理商那里找到一份秘书工作，这已实属不易。当时正是《说谎者的扑克牌》[①]《虚荣的篝火》《上班女郎》中所描绘的时代，[②] 能在华尔街谋得一职绝对是值得称道的事。这段时期我开始在晚上学习商业课程，加上老板的信任和提携，我终于从

[①] 《说谎者的扑克牌》已由中信出版社于2013年出版。——编者注
[②] 《说谎者的扑克牌》由迈克尔·刘易斯所著、《虚荣的篝火》由汤姆·伍尔夫所著、《上班女郎》是迈克·尼科尔斯执导的喜剧片，均反映了20世纪80年代的华尔街文化。——译者注

一个默默无闻的秘书跻身于投资人之列，可谓幸运之极。后来我又投身证券市场研究，并与哈佛商学院教授克莱顿·克里斯坦森①共同成立了罗斯帕克顾问公司。

以秘书的身份踏入华尔街，转而成为企业家，我自己就是位颠覆者。"颠覆式创新"是克里斯坦森提出的，意指一项从低端市场入手的创新最终推翻了整个行业。以个人而言，我已然从谷底爬到了顶峰，现在又摒弃了自己缔造的成功金字塔。无怪乎好友认为此举不可理喻。

在克里斯坦森的理论中，颠覆者从低端市场赢得立锥之地，他们销售劣质、薄利的商品。起初，他们朝不保夕，岌岌可危。以丰田为例，在20世纪50年代进入美国市场时，其主推的克罗娜是一款小型、廉价的经济型汽车，销售对象是预算有限的首次购车者。

谁能预见到这家名不见经传的日本汽车制造商，不久以后就跻身于美国的汽车市场，并瓜分走那么大一块蛋糕？依照颠覆式创新理论，原本的市场霸主可以轻而易举地赶走入侵者，就像碾碎一只臭虫般容易。然而他们并没有这样做："克罗娜只是个无

---

① 克莱顿·克里斯坦森（Clayton Christensen），世界创新大师，哈佛商学院教授，曾两次获得麦肯锡奖，2011年《哈佛商业评论》将其列为"当代50名颇具影响力的商业思想家"。——译者注

关轻重的小玩意儿，压根不会给我们的利润表造成影响。我们要专注于高精尖的产品。"在早期，通用汽车根本没关注过丰田的克罗娜。实际情况是，一旦颠覆者站稳了脚跟、羽翼丰满之后，便会步步为营，把策略转向更高端的市场、更高品质的产品，以及更丰厚的利润。[1]在通用认识到必须采取反击措施时，已经良机尽失、为时过晚。丰田随后一帆风顺，通过凯美瑞与雷克萨斯等车型进军高端车型，将低端市场接力棒递给韩国现代，而现今，低端市场则留给了印度的塔塔和中国的奇瑞。

从华尔街的角度看，这些颠覆型的企业或个人无疑是投资的首选，其成长潜力如此巨大。也难怪，谁不希望能回到20世纪70年代投资丰田呢？

但谁又能做到呢？这些颠覆者最初时的能量太容易被人忽视了。

我在2002年首次涉足墨西哥的电信行业，与墨西哥美洲电信公司接洽，他们希望创建一个财务模型来判断股票价格被高估还是低估了。为此我需要预测无线电话在墨西哥是否会快速普及。1997—2002年，使用无线通信的墨西哥人从1%增长至25%，而固定通话的普及率约为15%。我还需要判断无线通信市场的发展前景。在分析了哪些人买得起手机、哪些人可以获得贷款之后，我的结论是：无线电话的普及率要到2007年才能达到

前言　解读S型曲线

> 颠覆式创新的步伐正在加快，你或许正身处变革风暴的中心，但这种动荡不安也可能被视为一次奇妙之旅。

40%或者4 000万用户的市场规模。

然而，墨西哥美洲电信公司控股股东卡洛斯·斯利姆则看到了更大的商机，除了我所预见的4 000万用户，他还注意到墨西哥其余6 000万潜在的消费者，他们因为囊中羞涩而不能如愿以偿。斯利姆是怎么做的？他提出了手机补贴和预付费制度，从而解决了信贷问题。虽然当时通话的音质很差，但是不尽如人意的通信总比没有强。在之后的10年时间里，固定电话的普及率仅仅增加了5个百分点，即从15%增长到20%，而无线通信的渗透率却远远超出我的预期，即从40%飙升至90%。在追求利润的同时，技术也同步得以提升，这便是一种颠覆。

当首次听到克莱顿·克里斯坦森在一个行业会议中谈及颠覆式创新时，我便意识到他的理论可以用来解释为什么手机普及率会多次超出我的预期。原因之一在于，在当下，颠覆没有任何迹象，也不会引起人们的警觉，在起始的数年中增长曲线可能是平坦的，而后呈指数式的急剧飙升。在墨西哥，无线通信技术在

1988年就已推向市场，在近乎10年间，普及率都不到1%；但在1997—2002年的5年间，其渗透率陡增至25%。

颠覆式创新的步伐也在加快，而你或许正身处变革风暴的中心，这种动荡不安也可能被视为一次奇妙之旅。本书并非旨在复述颠覆的爆发力，而是我们应该如何应势而谋、顺势而为，从而实现颠覆式成长。

你可能想要标新立异、挑战自我，甚至抛弃安逸的事业，像我当时离开华尔街那样开始创业之旅；你或许会从目前的行业或公司中跳槽，进入一个完全陌生的崭新领域。我建议你细读本书，由此认识到颠覆式成长的意义所在，避免止步不前、被挑战者（更年轻、更聪明、更敏捷的竞争者）取代，从而在个人与职业发展中得到快速提升。

S型曲线模型

我们每个人都会通过自己的"视点"来认识世界。通过观察个人社交系统里各部分之间的互动，我们可以建立起各种模型，用以预测以后将会发生的事情。如果系统是线性的，而且反馈及时，我们的预测就会比较准确。就像婴幼儿喜欢摸索电灯开关的神奇作用：动作与效果是同步的。但是当反馈出现延迟，或者系统变得非线性时,我们的预测能力便会变得不尽如人意。

在非线性的条件下最适用的模型之一便是S型曲线模型。长期以来,这个模型经常被用来解释颠覆式创新——为什么成长曲线会在如此漫长的时间内保持平坦状态,而后如火箭般骤然升空,并最终在高位保持平稳。S型曲线模型最早由埃弗雷特·罗杰斯在1962年提出,用以解释某个创意或产品会在什么时候、以何种形式被大众接受,并揭示出其深层次的原因。最初接受率的增长相对迟缓,这时项目或事业处于S型曲线的底部,直到抵达一个临界点,这时市场的渗透率通常在10%~15%;随后开始步入高速增长期,强劲而陡峭地攀升至S型曲线的顶部,达到饱和状态,此时的市场占有率往往会达到90%(见下页图)。

以Facebook(脸谱网)为例,其潜在的市场为10亿用户数。为了达到10%的普及率,Facebook花费了大约4年的时间,但是一旦达到了1亿用户数的临界点,凭借着网络效应(已经在Facebook上注册的朋友或家人)和病毒式营销(如邮件邀请、引导访问等),Facebook的用户数量实现了爆发式增长;而之后4年间的用户数量增长远远不只1亿,而是8亿。[2]

我相信S型曲线同样可以用来诠释颠覆式成长的过程——犹如职业航道上的灯塔。在许多复杂的系统中,例如企业的业务或

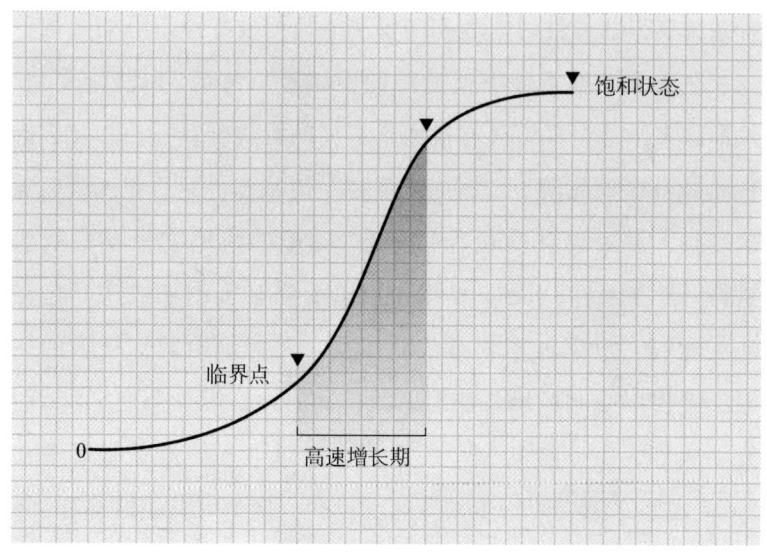

S型曲线模型

者人类的大脑，因果关系并不像开关与灯泡那样简单直接，响应往往会延迟，而非立竿见影，甚至要在较长时间后才能厚积薄发、彰显成效。S型曲线可以用来揭秘这样的模式，提供通往成功的路标。当然，这些路标有时并不够精准，而是影影绰绰。但是假如可以将其善加利用，通过S型曲线找到成功的方向，你就可以享受到颠覆带来的硕果。

颠覆式成长迫使我们走在信息系统和人际网络的前沿。陡峭的山峰看似难以逾越，但是S型曲线使我们相信：只要坚持不

前言　解读S型曲线

> 颠覆式成长迫使我们走在信息系统和人际网络的前沿。陡峭的山峰看似难以逾越，但是只要我们坚持不懈，必能到达S型曲线的增长拐点。

懈，必能到达拐点，我们的认知与能力将得到突飞猛进的发展。这是颠覆式成长过程中最令人欣喜之处——快速登上成功的金字塔。自此之后，继续攀升的可能性逐渐减弱，这时，寻求下一次颠覆的时间窗口又打开了。

我们可以通过高尔夫球手丹·麦克劳克林的故事来领悟S型曲线是如何预测未来的。2010年4月，从没有打过18洞高尔夫球的麦克劳克林辞去了商业摄影师的工作。为了成为顶级职业高尔夫球手，他开始了10 000小时的专业训练。在最初的一年半时间内，麦克劳克林在推杆、切杆、发球方面进展迟缓。随后，当开始将各分解训练组合起来时，他进入了高速的成长阶段。在5年时间内，他超越了在美国高尔夫球协会中注册的2 600万名球手中的96%。麦克劳克林执着地继续前进，最终胜过排在他前面最后4%的球手荣登榜首。但是随着他的球技日益精湛并趋于饱和状态，S型曲线揭示出他的进步速率势必会日渐衰微。

XV

颠覆式成长

颠覆式成长中的心理学

　　S型曲线模型还能帮助我们窥见颠覆式成长过程中的内心波动（见下图）。当踏入一个全新的行业或领域，并开始探索学习之际，要有最初阶段进展迟缓的思想准备，这样可以减缓失望情绪。我们知道经过了蜿蜒曲折之后，就是陡峭上升的曲线段落。在这一过程中，你会受到多巴胺（大脑产生的一种神经递质）的

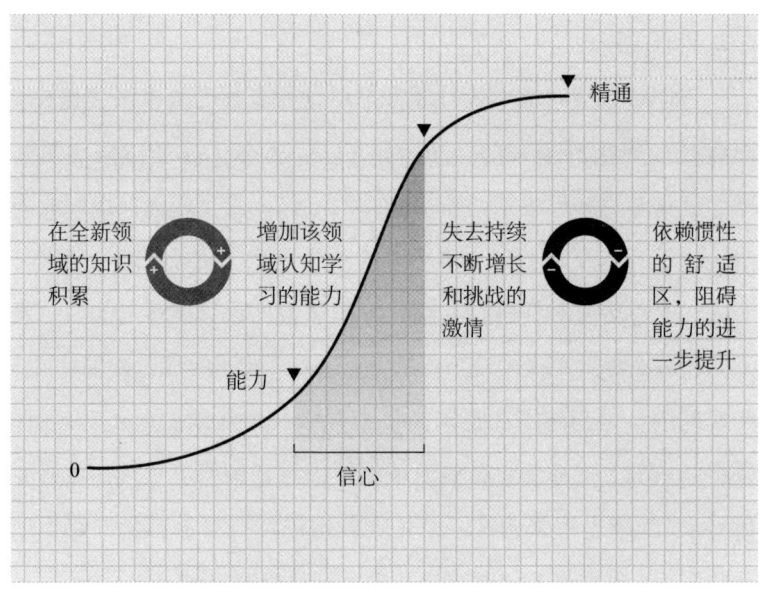

S型曲线呈现颠覆式成长过程中的内心波动

前言　解读S型曲线

> 当进展缓慢时，我们无须焦虑沮丧，如果善加运用各种变量条件，我们完全可以预测爆发式的增长阶段即将来临。

影响，让你神清气爽、淋漓酣畅。这也是办公室白领着迷于工作的原因。遗憾的是，一旦达到S型曲线上方平台的部分，一切骤然而变，激情消失了，工作却似流水线一样机械式地周而复始。我们的大脑不再产生让人愉悦的化学物质，无聊疲倦的情绪取而代之。此时又会产生出颠覆的萌芽。因为在职业生涯的巅峰期，自然不乏虎视眈眈的竞争者，如果曲线的上升空间已经无法满足持续进取的需求，我们可能会原地打转，最终被这些竞争者超越。

在学习过程中，我们的进步速度同样不是一条等比例上升直线，其中会经历指数级别的骤增。因为我们每天所收获的知识不是一个定量，而是和已有的知识成正比例关系。当进展缓慢时，我们无须焦虑沮丧，如果善加运用各种变量条件，我们完全可以预测爆发式的增长阶段即将来临。

在此，我找出了7个变量，它们会加速或减缓个人或组织机构在S型曲线模型上进展的轨迹，它们是：

XVII

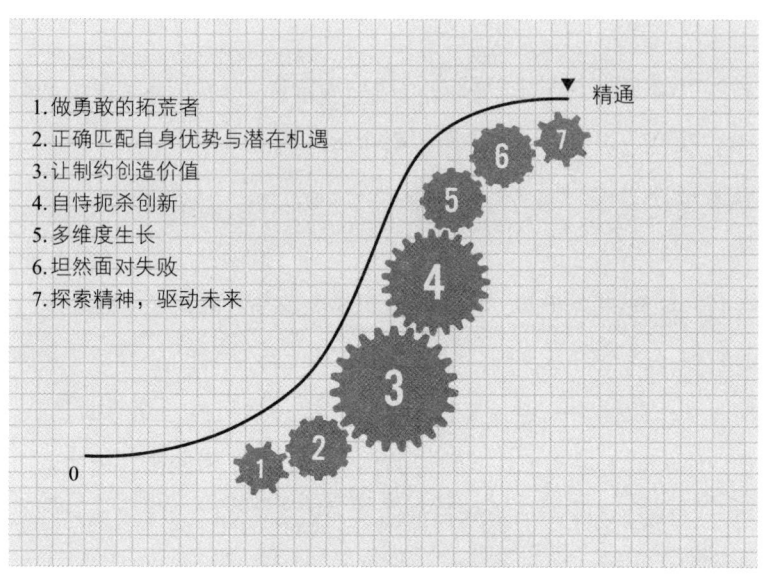

7个变量对S型曲线模型的影响

1. 做勇敢的拓荒者；

2. 正确匹配自身优势与潜在机遇；

3. 让制约创造价值；

4. 自恃扼杀创新；

5. 多维度生长；

6. 坦然面对失败；

7. 探索精神，驱动未来。

前言　解读S型曲线

　　我们将每一个变量独立成章。

　　本书是你在沿着S型曲线模型实践颠覆式成长的指南。确实，颠覆会令人心生畏惧，但是职业发展与个人成就上的回报会克服这种恐惧，使之值得尝试。我们现在都处于学习曲线的底端，本书将教会你如何转向高速成长，并在终结之时，助你成就宏伟的目标——把握住每一波变革的巨浪，破浪前行。

| 第一章 |

做勇敢的拓荒者

不管你是进入一个陌生的商业领域,还是被分配到其他部门,抑或开始一项全新的工作,首先要弄清楚一个问题:我要做什么。在 S 型曲线的启动阶段,就是要明确在竞争风险和市场风险这两大商业环境中如何正确辨识风险,从而发现潜在的商业需求。

像哥伦布那样,探寻你内心的新大陆和新世界,开辟航线,并不是为了经商和贸易,而是为了思想的流通。

——亨利·戴维·梭罗　美国作家、哲学家

有时我们会进入一个陌生的领域：或被分配到其他部门，或职务得到晋升，抑或开始一项全新的工作。我们并不担心不能胜任，不过面临的情况已经不再是轻车熟路，这时我们很容易感到忐忑不安。让我们深吸一口气，记住现在是S型曲线的启动阶段，千里之行始于足下，不必操之过急。

万事开头难。在经历S型曲线初始阶段的探索学习过程中，会遇到许多不习惯的地方，尽管你奋力拼搏但仍事倍功半。因为在大脑中开辟出新的区域，创造新的神经元与电化学反应的连接需要时间。[1]但随着你孜孜不倦地实践与钻研，新的神经网络逐渐形成，并会依次激活各个神经元。基底神经节是一种椭圆形的脑细胞，其形状如同一个杏仁。这种神经节会迸发活力，分析所有事情——所有相关的神经节、所有数据——并开始从中探索出模型。为了将效率最大化，人类的大脑会将这些模型或一系列操作执行序列转换成惯例，或者称其为"记忆群组"。例如，当你想到要刷牙时，不会去考虑刷牙过程中涉及的系列动作，如找到牙膏、拿起并拧下盖子等。这就是记忆群组发挥作用的原因，它的数量越多，各种工作在操作执行中就会越顺畅，正所谓习惯成自然。²

但假如无法明确某项工作的意义，这时你的大脑就难以产生了解认识它的动力，也无法沿着这项工作的S型曲线向前发展。因此，首先要弄清的问题是"我要做什么"，即"我的目标是什么"。

工作的两大属性：功能性和情感性

在韦氏大词典中，"雇佣"一词的定义是"以工资或其他支付形式作为交换条件，将工作交由某个人完成"。但"雇佣"也可以有更宽泛的定义，我们可以将其延伸到所使用的产品或服务上。当购买了某件商品或服务，我们便希望"雇佣"它来满足某种特定的需要，去完成某项"工作"。这一概念是安东尼·伍维克³提出的"以结果为导向的创新流程"的重要组成部分，克莱顿·克里斯坦森将其加以普及推广，称其为"JTBD理论"[①]。在新

[①] JTBD，即Job To Be Done的首字母缩写，就是指我们想要完成的事，它包括各项任务和我们对这些任务的预期。——译者注

第一章 做勇敢的拓荒者

> 除去极少数例外，人们想要做的每件事都包含功能性与情感性两大属性。

产品或服务的开发或上市过程中都应遵循这一理论。传统的营销理论侧重于客户年龄层次或性别方面的统计分析，而JTBD理论则更注重客户希望解决的实际问题，以及了解和分析这些实际问题目前是通过哪些途径得到解决的。

除去极少数例外，人们想要做的每件事都包含功能性与情感性两大属性。例如，购置房产明显有功能性方面的需要——生活栖息的场所；但是，假如你购置了一座奢华的大型别墅，或是每周消耗更多的时间去修葺后园，这其中就有情感方面的因素。

再想一下日常使用的社交媒体。你或许会和我一样"雇佣"Twitter（推特）来扩大交际圈。德意志银行的首席数据官兰加斯瓦米将tweets（用户发到Twitter上的信息）比作"脑力工作者的信息素"[4]。Twitter能帮我随时记录下灵感创意，并用最精简的方式将其表述出来。现在LinkedIn（领英）上增加了信息发布功能，除了物色人才时将其作为简历库，我也会在上面发表博文、分享、验证自己的观点。由于LinkedIn的功能不断扩展，就

005

像万能工具一样，因此成为我每天不可或缺的装备。

　　作为一名专业的投资者，我通过投资来赚钱谋生，但下意识里投资也满足了我情感方面的需要。为了解释这一观点，我举美国真人秀《创智赢家》(*Shark Tank*)的例子。这是一档让崭露头角的企业家展示商业计划的节目，他们需要游说5位同样是白手起家的千万富翁来投资他们的项目。在第六季的第二集节目中，马克·库班投资了一家名为Roominate的公司，这家公司由斯坦福大学与麻省理工学院的两位女性工程师创立，[5]其设计的创意玩具屡获殊荣。库班投资的条件是，要求创始人指导他两位年幼的女儿使用玩具。除了财务层面的回报，这也是在索取情感回馈，让孩子得到额外的教育。[6]

找出你心仪的工作

　　当你准备开创一项全新的事业时，首先要确认在这项"工程"上的努力会带来哪些物质与精神层面的回报。走马上任前，你应该对此了然于胸。职业经理培训师帕姆·福克斯·罗林在其《新领导者的42条黄金法则》(*42 Rules for Your New Leadership Role*)一书中提到，"许多职场失利可以追溯到最开始一个季度的失误……仅有60%~75%的领导者能够坚持到第二年（1/3的领

第一章　做勇敢的拓荒者

> 当你准备开创一项全新的事业时，首先要确认在这项"工程"上的努力会带来哪些物质与精神层面的回报。

导者在第一年便已被淘汰出局），这些领导者在第一年中所做的各项选择直接影响了其成败"。[7]而认清从事这项工程的初始目标，则是你早期能做出正确决策的关键。

我经常用一个具体案例来对上述概念加以佐证，这个案例就是艾睿电子公司前首席执行官史蒂夫·考夫曼2010年在哈佛商学院所做的一次讲座。与工作变更相似，公司之间的合并过程也会有一段让人焦虑的过渡期。考夫曼还记得原先并购整合团队的负责人贝蒂·简·赫斯的建议——在任何并购整合发生时，公司内的每位员工都会面临三个问题：

- 我是否会被解雇？
- 我的老板是谁？
- 我会得到哪些回报？

因此帮助员工理清这三个问题是使并购工作顺利进行的当务之急。让我们逐一进行分析。

007

颠覆式成长

我是否会被解雇？

在心理学家亚伯拉罕·马斯洛的需求层次理论[1]中，安全需求是基础性的。一旦我们拿到能够满足温饱的薪酬，就会想要寻求归属感，让所做的工作具有意义，进而得到成长和广阔的发展前景，8而这些不会被显示在正式的职位描述中。另外，企业与同事都希望我们的工作绩效能超越职务称谓。假如你是一家广告公司的创意策划，你的本职工作就是尽可能地将市场宣传演绎得形象生动；假如你是电脑程序员，那么编写代码就是你的本职工作。但为了得到领导与同事的赞许，或是确保信息基础架构有条不紊，你或许还有一部分为满足情感需求而进行的工作。当有人说"我只想做好我分内的事情"，他或许没有意识到工作中的回报不仅仅限于他的专业领域。当人们开始寻求改变时，通常是因为工作无法像最初那样给他们带来情感方面的满足，又或者是要摆脱隐含在职务中的不齿之处及其引起的负能量。因此假如你计划跳槽，必须透彻地了解目标工作的内容、公司的期望和自己想要达到的目标，以及功能和情感层面的回报。

---

[1] 马斯洛需求层次理论是人本主义科学的理论之一，由美国心理学家亚伯拉罕·马斯洛在1943年发表的《人类激励理论》论文中提出。论文中将人类需求像阶梯一样从低到高分为5个层次，分别是：生理需求、安全需求、社交需求、尊重需求和自我实现需求。——译者注

第一章 做勇敢的拓荒者

> 假如你计划跳槽，必须透彻地了解目标工作的内容、公司的期望和自己想要达到的目标，以及功能和情感层面的回报。

我的老板是谁？

假如你经历过公司合并，想必一定了解在此过程中人员汇报对象与组织结构混乱的情形。当然这种状况绝非仅限于企业兼并时才会发生。当员工不知道谁可以解决他们的问题或者他们的考核指标模棱两可时，混乱就会逐渐蔓延。

加利福尼亚理工学院的神经系统科学家科林·卡默勒与其同事在研究中发现，相比前途未卜、变幻莫测，人们更愿意承受明确无误的风险。当参与测试的对象被要求根据有限且模糊的信息做出决定时，他们大脑中控制恐惧的区域——类扁桃体部分——就会呈现出非常兴奋、活跃的状态；而当面临既成事实的风险时，则显得较为平静。这种不可名状的担忧以及对未知事物无数种可能性的揣测，会使我们疏于自身的职务工作，忽视潜在的机遇。[9]而一旦解决了具体的职责、汇报的对象以及工作成绩的评估与衡量细则，大脑就会放下这些顾虑，潜心在工作上。

我会得到哪些回报？

在此我们并不打算探讨收入的高低与构成。没有人会拒绝现金形式的酬劳，最好能日进斗金，这是人们从事工作的功能性属性。但除此之外，你还会得到哪些回报呢？为什么对有些人，情感性的回报远比薪资丰厚来得更重要？你是否会因为无形的价值而坚守现有的工作，例如有利于长远发展、相信所从事的工作意义深远、不想失去自己在公司中的位置，或者是源于自豪感（看到自己的名字刻在黄铜制成的名牌上）、喜欢被人仰视（客户对你真诚的致谢）、可以不断攻克难题、得到诸多赞誉……假如你并没有意识到哪些回报是最重要的，又怎能一如既往、孜孜不倦呢？

或许现在是时候解答之前我的好友、我的丈夫，乃至读者可能都会问的那个问题："你为什么选择从华尔街离开呢？"假如从工作的功能性与情感性角度来分析，这一举动也就不再难以理解了。当时，美林证券的工作确实能够满足我在生活方面的开支，但不再能满足我更高的情感层面的需要。不仅仅是因为我在美林证券已经到达了S型曲线的顶部区域，很难再像新人那样拥有大幅上升的空间，管理层对我的要求也只是"保持现状"。我发现尽管我的绩效指标比同僚高出20%，但奖金却相差无几。因为工作不再能给我带来新的期望,所以情感性回报的匮乏使我难以再安于现状。[10]

天生的冒险者

涉足全新的事物意味着必然要承受风险。在我们的现实社会中,"风险"一词在许多情况下都是负面的。当有人说"这是在冒险啊",多数人都会心生惧意。但造化弄人,潜意识里人们对幸福的感受又掺杂了对冒险的向往,这根植于我们的基因深处。

物竞天择,适者生存。天性中的冒险有时会比随遇而安略高一筹。在动物界有许多这方面的例子可加以佐证。李·艾伦·杜加金博士长期致力于研究各种冒险行为的驱动力,他有这样一个例子:鱼类之所以愿意冒险,是因为可能会获得更好的交配机会。[11]

> 孔雀鱼群中的鱼有的会担当侦察员,它们观察捕食者,承担鱼群的警卫工作。这些"侦察员"会脱离鱼群并缓缓靠近天敌,从而得到是否会被袭击的信息。暴露给捕食者的孔雀鱼很可能会被吃掉,但愿意冒险的雄性孔雀鱼会引起雌性孔雀鱼更多的注意力,[12]同时,这类孔雀鱼的警惕性

更高，会对捕食者的攻击做出更快速的反应。

愿幸运之神眷顾这些勇敢的孔雀鱼。但假如你不是一个天生敢于冒险的人呢？心理学家托里·希金斯与海蒂·格兰特·哈佛森认为，人们根据性格可以划分成两类：进取型人格与保守型人格。[13] 进取型人格的人愿意冒险，他们工作高效，梦想远大，思考问题极具创造性。这些人是天生的冒险家，他们主要关心如何使收益最大化。相比之下，保守型人格的群体更关注安全性，他们在工作中谨小慎微、按部就班，避免粗心大意引起的差错，明哲保身。

因此，如果要让保守型的人去尝试新鲜事物，你游说的重点不是冒险后令人欣喜的收获，而应着重于故步自封的后果。比如，我属于保守型人格，在考虑是否要求晋升时，我不应该设想新岗位的风光无限和发展前景，而应关注错失良机的后果——成为被淘汰的人，或者与本该属于自己的奖励擦肩而过。

"正确"的风险

在准备冒险之前有一件很重要的事情，那就是区分竞争风险与市场风险。

第一章　做勇敢的拓荒者

> 如果要让保守型的人去尝试新鲜事物,你游说的重点不是冒险后令人欣喜的收获,而应着重于故步自封的后果。

竞争风险

假设有同事对你说:"我敢说,你的这款产品定会在市场上大获成功。"那么他所指的市场很可能是已经被众多厂商或个人瓜分的市场,这里甚至已经存在权威品牌和旗舰产品。你提供的产品或服务,也许能够满足细分市场中客户的需求,但是你仍然要评估,是否值得进入该市场并展开竞争。这便是竞争风险。

市场风险

你的同事如果说:"我发现一项潜在的需求,但是我不确定这是否有足够的市场。"这里所指的便是市场风险。你不知道客户对你的产品或创意有何反应,预测在市场中获得成功的可能性只能凭借估算。如果客户乐于接受你的产品,那么你便能捷足先登,赢得先机。

由于我们的大脑不擅长沙里淘金，于是便会趋向于接受竞争风险，这看似更加安全。但诸多历史经验证实，其实市场风险往往小于竞争风险。[14]

这方面的一个经典案例源自克莱顿·克里斯坦森对磁盘驱动器行业的分析。

克里斯坦森将1976—1993年进入磁盘驱动器行业的80多家企业分成两类：一类是通过颠覆策略寻求增长的企业，它们推出新的产品或者创造出新的市场（市场风险）；另一类是在成熟产品和技术环境中寻求增长的企业（竞争风险）。在52家进入成熟市场的企业中，仅有3家（6%）实现了1亿美元的收益。相比之下，在32家进入发展两年以内的新兴细分市场的企业中，12家（37%）的收益超过了1亿美元。此外，这些开创新市场的企业在1976—1994年累计创造了620亿美元的营收纪录，而进入成熟市场的企业在同期的绩效表现仅有33亿美元。根据上述研究，与竞争风险相比，在市场风险中你取得成功的概率会高出6倍，且平均收入会多出20倍。[15]

股票市场的估值体系可以让我们从另一个角度看待市场风险。在分析了40家被视为颠覆型企业（承受市场风险）且公开发行股票10年后,你会发现这些股票的市盈率达到30,比整个市场平均市盈率高出1倍。这些股票乍看起来价值已被高估,人们自然而然地认为投资竞争风险的企业更加安全,但是当高溢价与这些企业的高成长相比,它们的股票便不再那么昂贵了。相比那些面临竞争风险的企业,颠覆者看似价格不合理,但其表现出的增长率却使得这种高溢价受之无愧(这些股票在最初往往会被低估,因为那时的市场尚未打开),投资这样的股票实属明智之举。[16]换言之,在寻求新的S型曲线时,市场风险就是一种合理的风险,正所谓"富贵险中求"。

我们还可以这样来思考,在投资公司时,我经常提出的一个问题是:"这家公司在市场上有多少关注度?"这表示你是否能够像一架袖珍飞机一样躲避雷达的侦察,在竞争对手不屑介入或占据的市场中飞行。在刚开始颠覆之旅时,初创企业最好像一架纸飞机而非气势如虹的战斗机,因为这样不容易引起注意,甚至还会被对手完全忽视,就像百视达①最初完全忽略了网飞公司——直到最终在"网络上被击飞"。[17]

南新罕布什尔大学(SNHU)便是一个避开雷达、低空飞行且承担市场风险的范例。[18]

---

① 百视达,美国老牌影音租赁店,于2014年最终不敌网络竞争对手而宣布关闭。——译者注

10年前，SNHU只有大约2 000名在校大学生，并且入学数量日趋缩减。当时他们并没有试图与教育资源雄厚的常春藤大学，或是那些由政府财政资助的地方学院开展生源争夺大战，而是选择了一块空白领域——互联网在线教育。没有人能证明学生会对在线学位课程感兴趣，但SNHU选择接受这种市场风险，开拓这片未知的市场。事实上，许多学生非常青睐在线课程特有的灵活性。现在，SNHU已经被视为"教育界的亚马逊"，拥有34 000名学生。他们目前正在跨入新的成长曲线，通过测定学生能力而非学分来降低获得大学学位的成本。只要学生可以在100天内展现出所应具备的120项能力，便能够以1 250美元的成本得到相关学位。

数字版权的创始人艾米·乔·马丁，是在个人职业生涯中承担市场风险的又一个范例。

2008年，NBA（美国职业篮球联赛）在广告和宣传上花费了数亿美元，但这笔资金很少被用于社交媒体。马丁看到了这片尚待开发的蓝海，他利用专业知识说服菲尼克斯太阳队雇用她作为数字媒体主管，这是NBA中首次出现的职位。马丁的客户包括沙奎尔·奥尼尔，她现在拥有超过

第一章 做勇敢的拓荒者

100万的Twitter追随者。她举办的演讲非常有趣，谁还会记得最初时大家的质疑："这能算是一份像样的工作吗？"

"错误"的风险

1996年，我当时供职于美邦集团，不过从银行业务转向了股票市场，主要负责拉丁美洲的水泥和建筑行业。在职期间的几周内，美邦集团收购了所罗门兄弟——这是一家在水泥、建筑领域高度权威的投资机构，拥有业内顶尖的分析师。这使我处于进退维谷的局面，于是我决定在一扇门即将关闭的时候开启一扇窗——市场上有许多上市传媒公司，却缺乏专门的分析师深入研究。结论很清晰：与其奋力超越建筑领域的分析师，不如另辟蹊径开垦处女地。遵照颠覆式理论，我必须承担市场风险。当然，我所经历的各种艰难苦楚一言难尽，但是在短短一年之内我便成为《机构投资者》(Institutional Investor)评选出的投资人。冒险进入一个无人问津、竞争对手屈指可数的市场，我得以快速攀升至S型曲线的顶端。

风险投资领域很容易犯的一个错误，便是投资了那些创意领先却难以持之以恒的初创型企业。市场上的主流厂商会采用创新技术来阻击初创者。以TIVo为例[1]，其选择了与有线电视合作，而电信运营商却斥资数百万美元将数字录像功能嵌入机顶盒之中，使得TIVo变成了多余的摆设。TomTom[2]的GPS（全球定位系统）是一个卓尔不群的想法，直到GPS功能被内置到智能电话上，单独的GPS设备便显得可有可无。这些才华横溢的创意现已成为日常生活中被广泛应用的服务，但是最初开发它们的公司实体已不复存在。竞争风险阻断了它们沿着S型曲线向上攀升的路径。

上述场景同样适用于个人。我曾服务过的公司聘用了一位组合投资经理，为公司提供投资决策，而现有岗位上的一名资深员工认为这是他的工作。为了取得成功，新上任的投资经理开始寻求与这位资深员工的合作，但后者戒备有加、不予配合，从而演变成了老鹰捉小鸡的游戏。资深员工最终选择放弃，这位投资经理同样遭受了损失，即在早期的竞争角逐中与资深员工从事完全相同的工作，投资经理难以发挥其个人价值。

---

[1] TIVo是一种数字录像设备，它能帮助人们非常方便地录下和筛选电视上播放过的节目。它由迈克·拉姆齐等人在1997年开发，曾以其搜索功能被称作"电视界的谷歌"。自2007年达到顶峰后，TIVo的用户数持续下降。——译者注

[2] TomTom的GPS曾在全球被视为高端的导航器品牌。——译者注

第一章 做勇敢的拓荒者

> 与安于现状相比,探索一项全新的领域看似会有更高的风险,但大脑给我们的感受却是完全相反的。

脑科学研究发现,相比竞争风险,我们的大脑更喜欢市场风险。在谈到竞争时,我们的情绪会变得紧张、有压力,充满戒备和恐惧。随着时间的推移,这些情绪会消磨我们的认知水平。在竞争时,我们如同进入战斗状态。我们的交感神经会驱使身体做出战斗和逃跑反应,同时激活下丘脑,刺激脑下垂体,并释放皮质醇。最初,我们的身体会喜欢皮质醇,这就是为什么研究发现上前线一个月内的战士士气高昂。但随着皮质醇长期位于高峰水平,认识能力会逐渐退化,判断、记忆甚至免疫系统都会随之下降,使人日益变得易怒、抑郁、情绪低落,甚至出现胃肠道疾病。[19]

承担市场风险则会使人保持健康的精神状态。根据我的体验,尽管我喜欢明确的任务,因为明确的任务便于集中精力,但进入未知领域同样让我感觉良好,在情绪和身体方面都能让人轻松愉悦。凯诺·谢尔顿与其同事在一项研究中发现,自我表达的机会,比如创造力的发挥,会增加认同感、提高责任心,并变得更为开放，使人们在行为处事时更为愉悦、包容、负责，并能够愉快地开展合作。[20]与安于现状相比，探索一项全新的领域看似会有更高的风险，但大脑给我们的感受却是完全相反的。

开创全新领域的智慧

想要持久保持竞争优势，你需要善于发现那些没有人涉足的领域。[21]

几年前的一个夏天，我朋友11岁的三胞胎想要挣些零花钱，于是他们仨办起了一个柠檬水站。但不像一般的孩子那样把柠檬水站摆在自家门前，而是在烈日炎炎的下午，他们把柠檬水站设在了高中足球练习场。谁也无法保证这里会有顾客，但肯定不会有竞争对手。假如确实有顾客光顾的话，那么他们就成了垄断者。事实确实如此，这三个11岁的小家伙在20分钟里就赚了75美元。

当你发现那些被人忽略，但可能具有真正价值的工作时，你会意识到市场风险已经随之而来。

蕾切尔·张了解到一个情况，社会公益组织在招募拥有技能的志愿者后，只是简单地向志愿者寻求资金协助，或让他们做一些粘贴信封之类的琐事。于是张有了一项计划，她将非营利组织所需的各项功能分门别类，这样那些专业人士可以奉献自己的专业知识，而非单纯的时间和金钱：营销人员可以帮助非营利组织在网站上树立品牌形象；人力资源专家可以协助它们建立休假体系。在短短5年内，张的公司已经拥有超过5 000名社会公益组织的客户、超过2 000名拥有专业技能的志愿者，成为全球最大的非营利组织人才供应商。

在开创全新的领域时，首先要明确你期望得到的回报，随后寻觅少有人涉足的领域。尽管我们偏向于接受显而易见的竞争风险，但自然世界、商业研究与大脑科学都告诉我们，在尚未开拓的领域中，风险较小而回报更高。如同在亲友家人间贩卖柠檬水只能挣得区区几美元，而若将服务提供给真正有需求的客户，则可赢得数十倍的收益——因为你是唯一的供应者。

| 第二章 |
正确匹配自身优势与潜在机遇

> 颠覆者的潜在机遇与自身优势的完美结合，是S型曲线初始阶段所应具备的独特本领。当你发现既能激发你强烈的兴趣，又契合你专业知识的领域，那就是你最适合探索与成长的地方。

> 百鸟争鸣，音各有异；百花齐放，姹紫嫣红。
>
> ——亨利克·易卜生　挪威戏剧家

颠覆者不仅要能发现潜在的需求,还必须将这些需求与自身优势完美结合,这是一种常人难以企及的独特本领。将其用于披荆斩棘、解决难题、填补市场需求的空白,你一定会在短期内取得惊人的成绩,完成S型曲线中最具魅力的快速成长阶段。在本章中,我们来认识这种独特的力量,探讨如何找出你特有的优势,并使其与潜在机遇匹配,以及这种匹配是如何帮助你沿着S型曲线路径提速、冲刺的。

在自然界,发挥独特的优势是维持生存、保证物种生长繁衍的前提条件。你会惊奇地发现,在动物王国中存在着难以想象的物种多样性,而每一种生物都需要利用天时、地利来不断进化。

有时物种的优势是很特殊的。想一想可爱的小考拉,它们每天要睡20个小时。你可能会严重质疑其生存能力,但是考拉有着一项其他动物都不具备的特长:它们可以将营养价值极低、热量极少的桉树叶作为食物来源。

有时这种优势并不那么明显。

你或许还能依稀记起高中生物课程中谈到的达尔文雀。达尔文在加拉帕戈斯群岛第一次见到这种鸟类,他收集了大量标本,但并没有意识到他的发现有什么重大意义。回国以后,他邀请著名的英国鸟类学家约翰·古尔德为其鉴定。古尔德分析后发现,达尔文带来的这些物种,相互间存在着天壤之别。乍一看是同一种"雀类",其实却是12种不同的物种。它们有着相似之处,但长时间的进化使其各自发展出了自身特有的优势。每一种雀类的嘴部结构都各不相同,这是为了适应各自特殊的食物来源。它们有些进化成以种子为食,其他则吃食水果、昆虫或各种幼虫。如果从商业角度来看,它们都有着类似的核心竞争力(羽毛、翅膀、脚、嘴等),但是各自的差异使其更有效地得到某种特定类型的食物。

几个问题帮你清晰自己的优势

你有哪些专长?或许你拥有考拉那样的特殊能力,或许像达尔文雀,特别精通某些领域。让我们从下面这些问题开始。

第二章　正确匹配自身优势与潜在机遇

哪些是你赖以生存的技能？

如同雀喙会随着鸟类的生存环境而进化，你也一定会去掌控一套不可或缺的技能。

斯科特·艾丁格是一位非常成功的咨询顾问，为许多首席执行官提供过建议——这样的身份地位是童年时的他不敢奢望的。

他不知道自己的父亲是谁，只能在一间移动式房屋内与贫困匮乏为伍，9岁那年，母亲的离去使他的处境雪上加霜。艰辛的童年生活让斯科特练就了在交流沟通、解决冲突、说服协调方面独特的能力。在大学里，他进一步钻研沟通技巧。在完成交流修辞科学学位的进修后，他在百人辩论赛中名列前五，并赢得过全国比赛的铜牌。

在创立自己的咨询公司之前，斯科特在一家《财富》世界500强企业担任执行销售副总裁的职务。他出版过两本书，同时也是《哈佛商业评论》的特邀作者，发表的文章《如何让自己成为不可或缺的人》广受欢迎，并经常被各种媒体、杂志引用。作为一名咨询顾问，他曾多次帮助《财富》世界500强企业中表现欠佳的部门提高销售技能——这是在商业环境中生存的关键，从而帮助他们扭转乾坤。

那么你有什么独特的生存技能，并将其应用于职业发展呢？

哪些事能激发你强烈的情感？

《现在，发现你的职业优势》一书的作者马库斯·白金汉这样讲过："我们的优势……唤起强烈的情绪以引起注意力是一种确切的信号。这时你感觉到精力充沛、心无旁骛……此时你便在发挥自己的优势。"[1]有研究显示，当聚精会神专注于某一个领域时，你还会变得充满乐趣，"由此产生更灵活、更敏捷的思维，用更宽广的视野实现创新和解决复杂问题。"[2]

你在何种场合会情绪激动？在教授或学习时，在购买或销售时，还是在领导团队或组建团队的过程中？

你会在哪些方面激怒别人？

当我为《哈佛商业评论》撰写有关探索个人优势的文章时，读者阿兰那·凯茨指出，还有一种方式可以帮助我们挖掘自己潜在的优势："你在什么时候会激怒别人？天赋会使你觉得每个人都应该轻而易举地处理这类事物。"[3]不论你是一位工程师、音乐家、科学家还是教授，当你谴责下属或同僚在某些方面表现欠佳

第二章 正确匹配自身优势与潜在机遇

> 当聚精会神专注于某一个领域时,你还会变得充满乐趣。

时,可能并非因为他们疏忽大意或缺乏能力,而有可能因为你在该领域天赋异禀。

你的天赋体现在哪些方面?

孩童时期,是什么让你显得与众不同,甚至有些另类?

孩子只会选择做自己喜欢的事情,即便在旁人看来有些怪异。当你回顾自己童年沉溺的各种爱好时,很可能会从中找到与生俱来的潜能。

小学时代的康迪斯·布朗·埃利奥特,由于姓名与儿童读物《百科全书小布朗》中的主人公重名,被同班同学戏称为"百科布朗"[①]。她回忆道:"几乎所有的小伙伴都认为我

[①] 《百科全书小布朗》是一套深深影响了好几代美国人的益智启蒙书,几乎每个美国小孩都看过这套书,"百科布朗"甚至成为美国人对于聪明小孩的昵称。——译者注

是学校里最聪明的,但是大部分老师却对我非常失望,因为我的成绩平平,甚至被贴上后进生的标签。"她觉得学校作业无聊乏味,根本不愿意花工夫去做。相反,她说:"我会做白日梦,幻想与居里夫人或本杰明·富兰克林等名人促膝交谈;我设想着要构建人工智能(AI)的想法还留在卧室的壁橱里;我梦想着如何建造起漂浮的城市、各种伟大的发明,甚至全新的艺术形式。"

高中时期的经历也是如此。每周,埃利奥特要阅读两三本小说,但英语课成绩仍是不及格,因为她不喜欢花时间在"幼稚而愚蠢"的文学解析上。第二学期开始,她被安置在"特殊"的基础英语班,学校视其为失败案例,甚至认为她根本无法阅读。

尽管从不做家庭作业,埃利奥特仍以C的平均成绩蒙混过关,通过了考试。"在毕业班的某一天,辅导员在走廊拦住了我,质问我为什么不愿意把精力放在学习上。我的回答是,'这会干扰我的研究工作。'辅导员认为我不过是个自以为是的孩子,不知天高地厚,于是气愤地问我在研究什么……我如实回答的结果令他瞠目结舌,他从未想到我有如此惊人的自学能力——通过对父亲大学教科书的学习,我已经达到了重点大学的水准。随后他向我提出,'我希望

第二章　正确匹配自身优势与潜在机遇

你能在第三学期参加化学学科的大学预修课程'①，我并没有打算接受，'因为我根本没有前两个学期的基础'。最终辅导员成功说服了我，并向我发出了第三学期的课程邀请，整个班级只有5个人，我们每个人都需要独自完成一个自主选择的项目。而且在这个学期中会有同一位老师教授英语与化学预修课程。"埃利奥特在毕业当年硕果累累，并以全A的成绩毕业。

40年后，康迪斯·布朗·埃利奥特在全美拥有90项发明专利。她最著名的创新——PenTile彩色平面显示基础架构，被应用于数以百万计的智能电话、平板电脑、笔记本电脑和高分辨率电视。她创立的开发这项技术的公司得到风险投资的支持，最终卖给了三星电子。她经常说的一句话是："如果你来参观我的办公室，多半会看到我正在做白日梦。"

孩提时代，埃利奥特的白日梦使她成为同龄人中的另类、老师眼中劣性难改的差生。但在成年以后，这种超凡的白日梦与其难能可贵的自学能力使她功成名就。

---

① 大学预修课程（AP）是指在高中时期进修，但可以取得大学同等程度课程的学分的课程。通常学生可以向辅导员提出申请，如果成功通过考试，就等于免修了大学的某项课程。——译者注

什么使你在年幼时与众不同，现在又会让你卓尔不群？

有哪些赞誉之词是我们不屑理会的？

优势会让我们在某些领域中广受赞誉，一旦这些赞颂无休无止，我们就会显得无动于衷，这种让我们习以为常的优势也就很容易被忽视。

你或许有与尼尔·雷伊类似的经历。这位美国癌症治疗中心的总经理在被邀请填写LinkedIn资料时发现，"一些朋友指出我在某些方面拥有天赋，但我自己根本没有意识到，也没有填写在个人的'核心技能'之中，但细想起来，这些自身没有认识到的优势确实给我带来了巨大价值"。[4]

留意那些你已经不在乎的赞誉。你之所以忽略它们并非因为谦虚，而是如入芝兰之室，久而不闻其香。过多的颂扬甚至会让你心生厌烦！为何人们不赞美你真正为之努力奋斗的事情呢？

维内斯·詹宁斯便是个很好的例子，她是"环境优先计划"[①]中的资深研究员。

---

① 环境优先计划（ELP）是一项试点项目，旨在帮助各种类型的工厂提高污染防治能力，并落实环境审计工作。——译者注

第二章 正确匹配自身优势与潜在机遇

在参加盖洛普优势测试分析后,詹宁斯发现自己属于擅长社交、性格外向型的人,有着可靠、诚恳、感恩的特质。她很为自己的情商而自豪,但是这种类型的劣势却令她失望,例如战略、分析与专注都不是她的强项。起初她怀疑测试是否不完整,但在向朋友和同僚征询意见后,他们一致表示"这正是你""你就是这种性格"。由于她是环境科学博士并主要从事研究工作,詹宁斯说:"我深信自己能进行客观细致的分析对比,深入研究各种不同的环境,并且精于统筹计算。"

鉴于她认知上的优势与测试结果相去甚远,詹宁斯开始回顾过去,期望从中找到有关情商的蛛丝马迹。她在佐治亚州的雅典城长大,那里填埋着大量的垃圾。升入特拉华大学后,她发现特拉华州的垃圾经常会被运往佐治亚州。她说:"在校园里,每当看到有人铺张浪费,我就会很难受,因为我知道生成的垃圾会被运往我的家乡。"从那时起,她利用课余时间,在全校范围内负责起废旧品回收计划。一位校友最近发给她一张图片,图片上是母校一批新的回收箱,并印有一行字——一切源于你。回想起这段经历,詹宁斯认识到自己的情商产生的重要影响,这是她的优势所在,也间接影响到她选择的环境科学领域。

我们容易对自己的优势或强项习以为常，这并不难理解，也是人之常情，但就个人的职业生涯（或一家公司内的工作经历）而言，这会使我们的个人价值有所贬损。19世纪的著名作家拉尔夫·沃尔多·爱默生这样写道："在天才的每个作品中，我们都会看到被自己抛弃了的灵感，但当它们回到我们这里时，头上却戴上了某种陌生的光环。"千万别忽略那些你认为微不足道的雕虫小技，对他人而言或许就不是轻而易举的事情了。

在哪些方面你已受到了无数次赞美，乃至心生厌烦了呢？

你有哪些来之不易的技能？

这些优势不一定是你的最佳技能，但通常来说你为此付出了辛勤的汗水甚至泪水，它们对你而言至关重要。当被问及"你做过的最困难的事是什么"，往往便指向了这些技能。

在美林集团任职期间，我收到过这样一份简历，这位名叫罗伯·拉尔森的毕业生从众多简历中脱颖而出。他的专业是数学，但他之所以成为投资银行特别青睐的候选人，是由于其大学期间的兼职工作——一份在牧场照顾牛羊的工作。高盛集团最终聘用了他，令他从众多候选人中脱颖

第二章　正确匹配自身优势与潜在机遇

> 几乎在所有行业中，任何职位都要有必须掌握的技能要求，满足要求后，你才有条件进入新的 S 型曲线，寻求更高的成长目标。

而出的自然不会是他放牧的技能，而是在这项艰辛工作中所需付出的努力。

来之不易的技能表示你能够坚持完成艰巨的任务，还意味着为掌握技能你已经付出了高昂的代价，这可能是你开启全新职业生涯的必备条件。在我上任之后，如果我想要在华尔街取得成绩，很显然必须学习掌握财务分析，弥补大学时期文科科目中未包括的课程。几乎在所有行业中，任何职位都要有必须掌握的技能要求，满足要求后，你才有条件进入新的 S 型曲线，寻求更高的成长目标。

哪些技能是你通过辛勤努力换来的？

独一无二的优势是颠覆式成长的强力支撑点

在明确了你的自有资本与核心优势之后，下一步便是找出独

035

一无二的优势。换句话说，有哪些领域只有你才能胜任，这是你在S型曲线上的强力支撑点。

在电影《米其林情缘》中，卡达姆家族由于在印度孟买受到大选冲突的影响，来到欧洲寻求庇护。在英格兰稍作调整后，他们来到了法国与瑞士边境的一个小村庄。父亲购置了一家废弃的餐厅，距离这家餐厅几百英尺远就坐落着一家高档的法国餐厅。电影围绕着两家餐厅竞争中的各种嬉笑怒骂展开。

从颠覆视角来看，影片中哈桑的成长曲线颇有意思。他是家中次子，在厨艺上很有天赋，当然这里指的是印度烹饪。但要想成为一位声名显赫的大厨，哈桑就必须掌握法国传统菜的手艺。最终他掌握了这项必备技能，并在其中注入了印度菜肴的特色风味。于是，法式风味的印度菜成了他的独门秘籍（这是他人无法取代的），从而让他赢得了该行业的最高荣誉——众多大厨梦寐以求的米其林之星。

在现实生活中我们可以来看工业设计师亚当·理查森的故事。

6岁时，理查森便开始设计汽车草图。9岁，他开始调

第二章　正确匹配自身优势与潜在机遇

查邻居的驾驶习惯，观察他们的车内装饰设计。30年后，这成为他一项无人可及的强项——以调研为基础开展设计工作。理查森刚从大学毕业的时候还显稚嫩，在太阳微系统公司（Sun Microsystems）担任传统的工业设计师的职务。他很快意识到，设计行业中多数的同行都有出色的创造力，但并不容易完全契合顾客的实际需要。相比之下，他不算是最强的设计师，但是他精于市场研究，对客户的实际需求了然于胸。

"我是个用心的听众，擅长从杂乱无章的海量数据中建立模型。"他这样解释道。理查森原本希望在毕业项目中历练这些技能，可惜当时该课题远未普及，伊利诺伊理工学院（IIT）和斯坦福大学均未安排这类课程，最终他在芝加哥大学的人文学科中自己设计了课程，并得到了硕士学位。理查森曾致力于通过人类学、民族文化、社会学、文化理论、历史与艺术等领域的研究，去改变传统的工业设计方式。他在著名的青蛙设计公司（Frog）担任设计咨询师的工作，实现了这一夙愿。现在，他在金融引擎公司从事金融服务工作，踏上了新的颠覆式成长之旅。[5]

约瑟夫·吉萨曼中尉原本希望能在大学教授神经科学，

但他毕业时，就业环境异常严峻，于是他开始在学术界之外寻求各种机会。他申请了Facebook和谷歌公司与数据算法相关的岗位、好时和卡夫食品公司中食品科学家的职位，以及在各类博彩俱乐部中从事算法的工作，用以刺激人们能长期地参与游戏。由于他的母亲是一名军官，于是他也向军方投去了简历。

事实证明，军方非常看重他的神经科学博士学位。美国海军拥有30多位现役的航空航天心理学家。现在吉萨曼中尉已接受基本的飞行训练，这项必备技能与其在神经学和心理学上的专业知识结合，使其在设计飞机与飞行员人机交互方面具有独一无二的优势。他也从此有机会开展更多的科学研究工作，这正是他梦寐以求的。

成长在于优势与机遇的完美匹配

对优势和强项充满自信以后，便要开始寻找它们得以潇洒发挥的舞台，珠联璧合的最佳匹配能让你在新的岗位上挥洒自如。你可以在现有的企业组织中找到薄弱环节或发展瓶颈，然后策划切入点："我该为此做些什么？"

第二章　正确匹配自身优势与潜在机遇

勒策尔与安德烈斯（Roetzel & Andress）律师事务所位于美国俄亥俄州的克利夫兰，亚夫内·尤万是合伙人之一。她很早之前便开始使用社交媒体。由于该行业的从业者通常比较保守，当时的律师界很少有人使用这种工具，更别说从中发现机会了。亚夫内·尤万在开设博客后的短短几个月内，《克雷恩克利夫兰商业》（Crain's Cleveland Business）杂志找到尤万，就律师使用社交媒体这一话题进行了专访。在使用社交媒体的第一年她便成功借此找到了客户。从此，她在工作中改变了游戏规则，有了自己的业务领地，不再单纯是律师事务所的员工。

与此同时，由于法律行业中的竞争非常激烈，她在专业领域中面临严峻的挑战。她说："我对此很有把握，因为我已经领悟到了社交媒体能发挥的强大作用。"在她工作了三四年后，也就是2007—2008年，经济危机来临了。行业内比她资历深的许多员工都遭裁员，她却得以幸免，部分可归因于她所做的社交媒体工作。同时，社交媒体工作还让她赢得了各项赞誉，在Twitter的广大专家群中享有很高的关注度。她之所以被考虑提升为事务所合伙人，是因为公司的首席执行官察觉到了这些变化的潜在价值。

根据研究组织Catalyst的调查,在律师事务所中,仅有20%的合伙人是女性,其中只有16%的人能获取50万美元以上的年薪。[6]亚夫内·尤万在年仅32岁时就成为合伙人,并且在34岁时,通过账单数据分析可以看到她已经跻身高薪女性人群之中,拥有50万美元以上的年薪。当尤万掌握了法律人士必备的能力后,社交媒体的运用成为她的特有技能,最终使她成为事务所合伙人。

北美西门子医疗事业部首席执行官格雷格·索伦森近期解决了他和西门子共同面临的难题。

索伦森之前是哈佛医学院放射学与健康科学教授,可谓德高望重。假如他提出申请首席执行官职位,很难找出可与之匹敌的竞争对手,但他并没有这么做。北美西门子医疗曾经耗时一年,试图从传统销售人选中找出首席执行官候选人,但未能如愿,此时其他事业部的首席执行官汤姆·米勒与董事委员会成员赫尔曼·荣怀德想到了索伦森——一位可以与医院负责人和卫生部门侃侃而谈、机智沉着应对《华尔街日报》的采访,甚至可以影响医疗改革政策的人。由于索伦森特有的技能组合完全契合公司业务的迫切需要,西门子终于在这个关键时刻迎来了最适合的人选,而索伦森在职场上也得到了可以施展才能的全新机会。

第二章　正确匹配自身优势与潜在机遇

> 在S型曲线的最初阶段，你可能被各种新的任务、新的同事和新的信息压得透不过气，完美地将独特优势与潜在需求无缝匹配绝非易事。

承受曲线最初的困难阶段

至此，你不仅对自己的优势确信无疑，而且找准了用武之地，是不是就可以摩拳擦掌、跃跃欲试，准备踏上颠覆式成长之旅呢？少安毋躁，请注意在S型曲线的最初阶段，你可能被各种新的任务、新的同事和新的信息压得透不过气，完美地将独特优势与潜在需求无缝匹配绝非易事。有时候，你甚至很难分辨：自己是在困难的初期阶段缓慢前行，还是之前的匹配根本就是错误的。

在加入微软之前，泰雷扎·奈迈沙尼为一家小型的商业策略咨询公司服务，该公司旨在加强纽约市的科技巨头与初创企业之间的相互合作。她初进微软便全力以赴，相信凭借过去的经验和专业知识，将给新公司带来巨大的创新力量。但是不久之后她便发现，公司的组织结构非常复杂，初期的摸索熟悉过程举步维艰。"感觉就像是对乌兹别克人说法语一样",她似乎无法完成任何工作。

后来,上级领导为奈迈沙尼安排了一些项目,以便让她快速为公司创造收益,从而在公司内逐渐树立权威。她审时度势,倾其全力,把握住了这一契机,从而赢得了公司同事的信任,使她不改初衷,继续她所擅长的领域。

2014年,奈迈沙尼与Biocouture公司的创始人兼首席执行官苏珊·李建立起合作。Biocouture公司是一家从事尖端生物制造与咨询服务的公司。为了赞助支持生物制造这一概念,微软举办了首届生物材料主题概念大会,并且取得了空前的成功。奥莱利传媒[①]在博客上描绘这场活动时,将其评价为"改变了世人对未来的看法"。[7]

当奈迈沙尼在S型曲线的最初困难阶段时,对自己的抱负产生了动摇,甚至打算从微软黯然隐退,但她最终经受住了考验,掌握了职务所需的一切技能,建立起了个人良好的信誉度。现在,她可以凭借自己的优势,利用多方面的资源来满足微软公司

[①] 奥莱利传媒(O'Reilly Media)是世界上在UNIX操作系统、Internet(因特网)和其他开放系统图书领域具有领导地位的出版公司,也是联机出版的先锋,一直处于互联网发展的前沿。——译者注

第二章　正确匹配自身优势与潜在机遇

发展的需要。

有时，等待曲线上升需要更多的耐心。

2004年，在美国全国广播公司（NBC）并购维旺迪环球后，劳伦·扎拉兹尼克加入了有线频道的精彩电视台（Bravo）。精彩电视台当时正在寻求一档能够吸引"精选观众"——受过良好教育、有一定影响力、富裕的观众群——的节目，而展示时装设计师才华的《天桥风云》(Project Runway)正是这样一档节目。精彩电视台认真细致地评估了播出时间，认为12月1日的晚上10点正是黄金档时刻，并且会持续播出到感恩节之后的一周，各大主流网站上同时也会大力推广、重复播放。所有的准备工作看似都毫无纰漏，但最终的结果却不尽如人意。仅有千分之二的人收看了这档节目，而最初的预期是2%。如此不尽如人意的结果使得团队成员纷纷质疑尼尔森[①]数据的可信度。此时，这档节目与扎拉兹尼克的工作都处于岌岌可危的境地——第二周的情况仍旧没有好转，第三周的收视率甚至

---

① 尼尔森（Nielsen）是全球领先的市场研究公司。尼尔森公司为100多个国家提供全方位的市场研究服务，提供具有战略意义的市场剖析，让客户能够全面了解本企业产品和整个市场，提高销量，发掘并占领新市场，营造竞争优势。——译者注

再创新低。

扎拉兹尼克在团队内探讨：我们可以从中吸取什么教训？精彩电视台从来没有在晚上10点时间段播放过原创节目，或许观众尚未习惯？或许耗资数百万美元大规模的广告宣传，在主流网站上仍旧微不足道？或许竞技真人秀节目赶不上时尚潮流？

精彩电视台并未偃旗息鼓，反而增加了播出时间。除了在可以统计收视率的电视台播出外，网络上也会持续播放《天桥风云》。当时的节目数量虽然还不能满足观众刷剧的需要，但至少可以保证前三集能够在线点播，精彩电视台尽一切可能让前三集流行起来。到2005年1月，这档节目的收视率翻了4倍。

我们都知道接下来所发生的事情。《天桥风云》成了最流行的竞技真人秀节目，赢得了艾美奖①。这档节目也成为真人秀的先驱，开电视中植入竞争元素之先河。对扎拉兹尼克与她的团队而言，《天桥风云》绝非失败之作，只是尚处在S型曲线的起始阶段，需要有足够的孕育时间。[8]

---

① 艾美奖（Emmy Awards）是美国电视界的最高奖项，地位如同奥斯卡奖于电影界和格莱美奖于音乐界一样重要。——译者注

第二章　正确匹配自身优势与潜在机遇

而有些时候，你会站在错误的曲线位置上。你预见到了巨大的商机，打算全力以赴投入进去，但在入职或开启业务之前，要先确保你的优势与之相匹配，否则，这种不匹配将使你在工作中举步维艰。

畅销书作家奥古斯丁·巴勒斯儿时的梦想是成为一名演员，他有信心成为"最伟大的演员之一，甚至说，就是最伟大的演员"。当他最终在录像带中看到自己时，"事实让我震撼了。我知道出色的表演应该是怎样的，显然不是我表现的那样。那一刻让我感到心灰意懒"。[9]面对无法成为演员这一事实，他沉思冥想下一步该怎么走。巴勒斯最终走向了写作这条道路。他写得不错，实质上作家和演员有着共通之处：通过艺术使人们相互沟通和理解。他解释道："在放弃表演、从事写作时，我并未放弃梦想，而是舍弃了实现梦想所使用的工具。每个人不会像拥有内脏一样拥有相同的梦想。"

和巴勒斯一样，你可能会遇到优势与梦想大相径庭的窘境，此时正确的判断和明智的选择至关重要。

世界上不缺需要开拓的工作或等待破解的难题，而你是独一无二的。当你发现那些既能够激发你强烈的兴趣，又契合你的专

颠覆式成长

业知识与工作经验的领域,那就是最适合你去探索的地方。当一条崭新的颠覆式成长曲线在你面前铺开时,检查好自己的有利装备,扬长避短,进入实战吧!正如达尔文雀演化出独特的鸟喙,从而更方便有效地攫取食物一样,一旦你的优势得以充分发挥,事业便会沿着你的颠覆式成长曲线高歌猛进,势不可当。

| 第三章 |

让制约创造价值

接受全新挑战时,我们需要改变固有的思维方式,比如制约。完全没有制约的自由在现实中是不存在的,如果有效加以运用制约条件,它绝对是创造价值的有效工具。

天欲祸人，必先以鸿富放纵骄之。

——特怀拉·撒普　美国现代舞蹈家、编舞大师约束、制约、限制、束缚、上限、范围、规矩、定量……这些词汇都不会是生活在"自由土地"上的美国人所喜欢的,他们坚信没有什么可以侵犯、破坏其神圣的自由生活与追求幸福的权利。

然而,在接受全新的挑战时,我们则需要改变思考方式。限制与约束构建了安全框架,可以避免我们陷入混乱无序之中。

从理论角度分析,制约是有益的,不仅如此,完全没有制约的自由在现实中是不存在的。

你或许不会知道,《大白鲨》电影中之所以出现许多标志性场景,是因为最初设想使用机械鲨鱼拍摄的想法难以实现。在原始剧本中有许多鲨鱼靠近猎物,并在惊涛骇浪中突然向目标发起袭击的惊险镜头,这是机械鲨鱼不可能完成的任务。大导演斯皮尔伯格为此沮丧不已。由于预算超支与时间上的限制和制约,斯皮尔伯格决定改用鲨鱼视角拍摄这些场景。他相信，凭借摄影技巧、激动人心的音乐与观众的想象力，一定能达到那种令人胆战心惊的感觉。最终《大白鲨》在票房和口碑上实现了双赢。[1]

我对限制和约束同样也是爱恨交加。多年前，我时常鼓吹成功创业的各项重要元素，不过自己却没有任何实践经验。但随着在职业生涯中经验的逐步积累，甚至自己创业成为企业家，我不得不承认在工作中设定限制条件的必要性。制约确实不受欢迎，但它的确有效。

适当的制约会产生积极的反馈

人们在改变现状时容易紧张不安，于是盼望尽可能快地得到反馈用以验证，而严格的限制和制约则是达到这一目标的客观条件。

这看似与直觉相悖。你可能会觉得在冒险时，完全的自由才是你所期待的，这样才可以在无限的可能性中展开探索之旅；你或许也会担忧过多的制约会成为绊脚石。为了解释这种认知误区，我们来假设一次完全没有制约的颠覆式成长。

首先，我们用数学方法来计算一种完全自由的模式。随着可

第三章　让制约创造价值

> 人们在改变现状时容易紧张不安，而严格的限制和制约则可以帮助你解除紧张情绪。

能性的增多，你将会面临异常复杂的情境。假设某一个操作过程需要10道工序，每一道工序又都产生两种可能性，那么你就会面对1 024种可能。你得花多少时间才能从海量选项中得出最优的结果？现在，仍然假设同样的10道工序，但是每一道工序又会产生三种可能，可能出现的情况就是59 049种变数——这更让你无从下手，只能望洋兴叹了。那么当你完全自由发挥，每一道工序有无限种可能性时情况又会如何呢？这时你应该已经明白：假如从迈出第一步起便产生无数种可能性，你会完全被淹没在未知的海洋里，从而失去方向感。

在制约环境中，人类的大脑能够发挥惊人的学习能力，包括加快学习速度，更准确地预测每项行为的结果，从而让你确定从哪些方面着力能得到最优结果。滑板手、作家丹尼尔·科伊尔认为他们是世界上拥有最快学习能力的人，这群人在运动中的每个动作都会即刻反映到结果上，这种快速的反馈非常重要。[2]正因为如此，在众多的运动中，包括足球、游泳、棒球等，教练都会在空间和动作上给学员设定限制，帮助他们建立快速的反馈机制。

缩小范围同样有助于你快速得到市场或外界的反馈。

瓦拉·阿夫沙尔是美国极进网络公司（Extreme Networks）的首席营销官，他自己便是个生动的案例。[3]

阿夫沙尔原本的专业是软件工程师，1996年他以软件开发兼质量工程师的身份加入了极进网络，后来又供职于运营服务部门，担任首席客户服务官。在这一岗位上，阿夫沙尔在Salesforce（一家客户关系管理软件服务提供商）的聊天栏目——企业内部的一个社交网络——表现得非常活跃，到2011年他已经拥有了大量内部粉丝。首席信息官注意到阿夫沙尔拥有的影响力，就授权让他访问Twitter，让阿夫沙尔与公司外的社交网络互动。

因为阿夫沙尔不断对外发布各种观点，使他拥有了外部追随者。出版商主动联系他，希望他能整理出一本书稿。他的在线演讲获得了超过百万次的点击量。他被提名为首席营销官。这时的瓦拉·阿夫沙尔已经成为一名意见领袖，重新定义了首席营销官的角色，并在其中注入了社交化元素。与此同时，极进网络的品牌度得到快速提升，成为一家品牌价值高达5亿美元的企业。

> 设定限制条件和缩小范围都有助于你快速得
> 到市场或外界的反馈。

阿夫沙尔不断缩小自己的工作领域,以得到快速反馈,最终将自己转变为引人注目的公众人物。

有时候快速的反馈还有助于你确定自身的独特优势。谷歌人力发展总监卡伦·梅发明了一种她称为"快速反应"的方式。她描述道:"在培训进行到一半的时候,我会让学员两两配对,面对面促膝而坐,然后给他们三分钟时间快速回答对方一个非常简单的问题:'在我们彼此认识的这段时间,你能给我什么建议?'参与者通常会得到非常好的反馈。"[4]当我们增加限制条件——用特定的形式来压缩时间——我们更容易找出彼此的强项以及需要改进的部分。

清晰的思考 + 正确的制约 = 明确的答案

在循着 S 型曲线发展的过程中,你可能会感受到各项限制带来的压力，如缺乏时间、资金、技术、市场认同。不过，或许你只是在庸人自扰。就像奥古斯丁·巴勒斯所说的，要改变的也许只是追逐梦想的速度。当然，你可能应该要轻踩刹车，略为减速，在一个时间段内只解决一个限制条件。

我们以科学研究为例。最具权威性的科学实验方式，是一次只改变一个变量条件。阿尔弗雷德·赫尔希与马莎·蔡斯所做的实验便是其中一例。

> 在20世纪初，科学界认为蛋白质，而非DNA（脱氧核糖核酸）是所有生物体的遗传物质，但是有些实验引起了科学家对这种假说的质疑。直到1952年，赫尔希与蔡斯才突破性地用实验证明了DNA中存储了生物的遗传密码。在研究中，他们进行了两项对照实验，其中只改变了一项变量。在一项实验中他们用放射性颗粒标记DNA病毒，类似于在病毒上设置了一个微型的追踪器；另一个实验中标记的则是蛋白质。那么在病毒传播（繁衍后代）时，后继病毒是在DNA还是在蛋白质上能找到标记呢？答案是DNA。这项简单的发现成为现代基因研究的基础，从DNA测序与克隆到解析与基因相关的疾病，例如癌症或囊肿纤维化。

这给我们的启发是：清晰的思考加上正确的制约，可以产生

第三章　让制约创造价值

明确的答案。

　　米歇尔·麦克纳-多伊尔并非一毕业就担任美国国家橄榄球联盟首席信息官的。刚参加工作时她只有会计学位，参加了注册会计师考试，并在普华永道公司担任高级审计员的职务。当具备了这些基本技能后，麦克纳-多伊尔准备尝试新鲜事物。在为普华永道的客户大都会人寿服务的3年中，她充分证明了自己的能力，并开始迈向管理岗位，为大都会人寿管理固定资产投资组合。又过了4年，她有了更明确的发展规划，麦克纳-多伊尔跳槽到迪士尼，在全新的行业与公司内开展类似的管理工作。

　　在接下来的10年里，她不断证明自己的各项能力，频繁地得到提升，最终成为迪士尼信息技术部门的副总裁。在这个职位上，麦克纳-多伊尔重新梳理了迪士尼的销售流程，部署了整套的客户关系管理系统。她在会计、运营策略、信息技术领域的出众表现让她得到了职业生涯中的首个首席信息官任命。在此之后，她又在三家企业担任过首席信息官一职，这其中包括奥兰多环球影城度假村。最终她得到了梦寐以求的美国国家橄榄球联盟的邀请，第四次出任首席信息官一职，与自己心仪的球队一起共事。

055

颠覆式成长

细致地分离出各个变量，我们可以更便捷地解开颠覆式成长过程中遇到的难题。

制约有助于提高专注度

2012年，在美国，由于汽车驾驶员于行车时分神引发的交通事故，共造成42万人受伤。随之大量法律法规陆续出台，限制并规范司机在驾驶机动车过程中的行为举止。专心致志、小心驾驶，做到心无旁骛是预防事故的不二法则，在颠覆式成长之旅中这一法则同样适用。如果你正处在一段艰难的行程中，无法聚焦自己的注意力，也不能确定下一步的行动，制约绝对是一剂良方。

其实当我们用眼睛观察周围的环境时，也遵循相似的原理。

电磁光谱中包含所有频率的电磁辐射，俗称为光。我们的眼睛如同探测器，假如探测器接收所有的电磁波长，那么我们的大脑几乎无法处理这么多信息，也就无法清晰地看到周边的环境。因此，实质上，只有某一频率范围内的电磁辐射才是可见光。我们的眼睛也只能够感知这部分

第三章 让制约创造价值

的电磁光谱，用来分辨各种事物。如果要洞悉波长较长的红外线辐射，那么我们需要借助微光夜视仪。如果要看透固体对象，则需要用到X射线机，它可以让我们看到更短的波长。由于眼睛在接收电磁波时有波长的限定，才使我们可以清晰地进行观察。

财捷集团（Intuit）便是运用限制条件提升专注度的典型例子，他们提供的QuickBooks和TurboTax产品广为人知。

该公司的产品研发副总裁接到一项任务，要求改善印度12亿人的生活状况。面对这项宏伟蓝图，或许有人认为财捷集团会为之投入大量资源，但事实并非如此。这家公司只派遣了一支由三位工程师组成的团队来到印度农村，让他们在那里生活三个星期，并相信他们"总会发现些什么"。

在一个暴雨倾盆的下午，三位工程师与一些当地农民躲在公交车候车亭。他们彼此闲聊的过程中，一条信息引起了工程师们的兴趣——当地农民很难了解到大宗商品的价格变动，无法判断哪位收购者的出价最合理。

现在他们发现了问题，你肯定认为总该投入资金加以解决了吧，但工程师们却只用了一种非常廉价的方案来

颠覆式成长

实验——不需要任何算法或程序代码——他们每天用手工方式将价格与收购者信息散发给当地农民,并持续了数周。通过小型的团队、最少的预算和明确的时间期限,工程师们快速搭建了一个极其简单而又功效卓著的方案。由此开始迭代过程,他们能快速获取反馈,提炼出实际有用的功能,收集积累数据,最终完成产品原型。在时间、资金、人员的限制条件下,财捷集团推出了FASAL[①]。这是一款非常方便使用的服务,它基于手机短信平台,在后台利用复杂的匹配算法来帮助农民得到最好的卖出价格。现在,FASAL在印度拥有超过200万的活跃用户,使用者的收入也比原先增长了20%。[5]

施以限制

诚然,我们并非要忽视资源的重要性。巧妇难为无米之炊。资源短缺会束缚我们能力的发挥,甚至使思维受到限制,[6]以至我

---

① FASAL,即forecasting agricultural output using space agro meteorological and land based observations的缩写,意为基于农业气象与地质监测预测农业产量。——译者注

第三章　让制约创造价值

> 资源过于充沛时，会出现一个拐点：我们的能量会随着资源的不断增多经历一次盛极而衰的过程。

们根本无缘于新的增长曲线。以印度种植甘蔗的农民为例，在丰收季节的前后他们分别被邀请参加了认知测试。[7]测试结果显示，在丰收之后，他们的平均智商上升了10。这便是资源充沛带来的结果。

但凡事有度，过量的资源反而会成为障碍。根据企业组织心理学家亚当·格兰特的理论，足够多的资源有助于增强完成业绩或交付项目的能力，[8]但是当资金或时间过于充沛时，会出现一个拐点——我们的能量会随着资源的不断增多经历一次盛极而衰的过程，格兰特将其称为倒U形曲线。在资源极其匮乏时，你会在各方面极尽苛刻。随着条件逐步好转，为了避免出现拐点现象，我们应当采取措施加以限制约束。下列几个限制因素是我们需要考虑的。

资　金

　　资金短缺是最常见的限制因素，但也是一件好事。缺少资金迫使企业负责人想方设法地追逐利润，也使个人得以快速提升。房地产企业家尼克·乔治亚德说："在创业初始期，钱是束缚手脚的最主要因素。我想了许多方法，从积极角度看待这个问题。10年过去了，我取得了非凡的成绩。到2007年，我的手头已经非常阔绰，但是由于不再专注于创新，我们的商业模式产生了实质性的问题，最终使我们在接踵而至的经济衰退期遭受了重大损失。"

　　2007年，《企业家》杂志列出了美国增长最快的500家公司的名单。[9]我很好奇这些企业的创始资金来源。其中只有28%的企业获得过银行贷款或信贷额度，18%是由私人投资者参股，3.5%是从风险投资那里得到资金支持，而绝大部分企业则是自力更生。我相信这些企业成功的原因之一是恪守自制与自我约束机制。

　　职业教育网站Pluralsight是依靠自身的努力获得成功的典范，这家培训服务商针对的是程序开发和信息技术的专业人才。

　　2004年，亚伦·斯克那与三名软件工程师用2万美元的

第三章　让制约创造价值

预算推出了 Pluralsight。由于公司成长需要资金，他们小心翼翼、精打细算，不敢在商业模式上有任何偏差。到 2007 年，公司的收入已经达到 250 万美元。当他们在 2008 年尝试着将培训教室从线下搬到线上时，市场需求大规模爆发，Pluralsight 最终在 2012 年启动向外融资计划，所筹集到的 2 750 万美元资金用于未来发展所需。2014 年，他们的年收入高达 6 000 万美元，公司首席执行官斯克那被授予年度安永企业家奖[①]。

知　识

缺乏业务经验或专业知识或许是另一项限制因素，但这有时也会带来好处。

当阿佘·伍利·勒叙厄尔由于健康原因，从具有国际化发展的职场上退出后，她创办了一家网上服装商店——Shabby Apple。勒叙厄尔热衷时尚，却在时尚行业毫无根

---

① 安永企业家奖（Ernst & Young Entrepreneur）由国际四大会计师事务所之一的安永国际举办，1986 年首办于美国，全球有数百名最成功及最富创新精神的杰出企业家获此殊荣。——译者注

基，几乎没有任何专业知识，也听不懂行内术语。她压根不懂得应当要借助批发商的力量来向客户销售服装，虽然这样做代价高昂，却是被默认的行规。她只是简单地在网上开了家店，尽可能节省资金，避开那些不靠谱的合作伙伴。只有一家制造商同意与她合作，但只提供两种可选布料。因为每增加一道裁制工序、多一个褶皱或是纽扣都要增加额外的成本，勒叙厄尔的设计极为简约，生产过程也变得非常迅速而高效。2014年，Shabby Apple的年营业额接近200万美元。

勒叙厄尔的成功根植于她的勤劳与智慧，但她不经意间绕开行业内的潜规则同样意义非凡。当你初次进行尝试时，方法可能更为创新、更为领先。

时　间

几年前，我在加布里埃尔·布莱尔的Design Mom网站上购买了一项广告服务。布莱尔是博客作者训练营的创始人。我每天都需要在自己的博客上更新内容，但受限于时间因素我很难保持更新频率。于是，我开始邀请其他人访问我的博客，在我的博

第三章　让制约创造价值

客上交流他们的看法和观点。这些留言丰富了我的博客。他们所提供分享的许多故事，最后汇集成了我的第一本著作《敢想，敢梦，敢为》(Dare, Dream, Do)。时间这块绊脚石反而成全了我又一次新的成功。

当然，有时你会同时遇到多项制约因素。我们来看看美国国家航空航天局（NASA）的研究团队在2009年10月9日证实月球上存在水这个例子。[10]

对于天文学家而言，这是条令人兴奋的消息，而我却对他们探测的过程更感兴趣。NASA负责人发现，他们价值4.91亿美元的月球勘测轨道飞行器（LRO），仍有1 000公斤的有效载荷能力，于是他们建议在探测全程附加一项任务。该项任务由美国国家航空航天局埃姆斯研究中心的首席研究员安东尼·科拉普雷特负责。他的小组提出了月球陨坑观测和遥感卫星（LCROSS）的方案，即用一颗巴士大小的火箭撞击月球表面，从而分析激起的尘埃羽流①。由于时间与经费的限制，他们没有使用可以控制撞击轨迹并分析6英里（相当于9 656米）高喷出物的宇宙飞船，而是使用了非太空中的专用技术，例如用地毯回收过程中的设备和全国运

---

① 羽流，是流体力学专业用语，指一种流体在另一种流体中移动。——译者注

动汽车竞赛协会使用的热成像器件。该团队取得了巨大的科学成就，而且是在最短的时间内、用有限的经费（8 000万美元）完成的。

无形的制约

有些约束是显而易见的，例如没有足够的时间或资金；而有些制约则是无形的，例如生理缺陷、恐惧抑郁和各类疾病。

作家劳拉·希伦布兰德患有慢性疲劳综合征，25年间她都只能在家中生活。[11] 2001年，她出版了《纽约时报》畅销书《奔腾年代》，讲述了一匹因为瘦小难看的体型而不被重视的小马的赛马生涯，这本书在经济大萧条时期代表了希望的曙光。2010年，她出版了另一部畅销书《坚不可摧》，描述了第二次世界大战期间，美国空军中尉路易·赞贝里尼的真实故事。他在海上救生筏上生活了47天，之后又被日军捕获，备受折磨。[12]

"我被这个故事打动，"希伦布兰德说，"克服巨大的痛苦，调整身心来渡过劫难。"赞贝里尼本人这样解读希伦布兰德在写作生涯中取得成功的秘诀："她在生活中遭受了如此多的不幸，所以能够用文字来表达我的感受。"

每一种束缚，无论来自身体或是精神，还是源于外部或内部，都可能成为加速我们在成长曲线中前行的推动力。

制约转化为优势的 6 个技巧

假如你不能用创造性的战略眼光看待制约，那么它始终只是一项消极因素。亚当·摩根与马克·巴登在合著的《美丽的限制》（A Beautiful Constraint）中提到了小品牌如何挑战大品牌，其中有 6 个技巧，可以帮你将制约转化成优势。[13]

转变消极状态，积极看待制约

在面对制约时，我们很容易产生一种无可奈何、听天由命的心态，认为其产生的制约力会束缚手脚，妨碍我们达成目标。我们要么选择视而不见，不加理会，要么根据制约条件降低目标。假如我们能直面审视，便会坚持目标，并着手寻求应对当前制约因素的策略。更激进的方式是用积极的心态看待制约，我们有可能发现制约会有利于产生更好的方案，甚至会刺激思维，使我们产生突破性的方法或解决方案。

打破路径依赖[①]

个人或企业都会有思维与行为的定式,所以需要审视这些长期以来形成的习惯。同时,列出对你个人或企业组织最重要的6个词,在你固有的定式认知中,它们的真实含义是怎样的?如果"创新"是其中之一,那么对你而言是"颠覆式创新""持续式创新"[②]还是另有所指?这种审视可以测定习惯上你会如何应对限制条件——通常会用哪些方法?如何做到有所不同?

审时度势

联动式问题将你的雄心壮志与最重要的限制条件关联起来。设想逃脱大师哈利·霍迪尼在危急之中会怎么做。面临有限的资源你该如何调整原始设想或目标?假如你有大量的资源和明确的

---

① 路径依赖是指给定条件下人们的决策选择受制于其过去的决策,即使过去的境况可能已经过时。——译者注
② 公司在寻求新的增长业务时,往往有两种选择:一种是通过持续式创新(sustaining innovation),从市场霸主手中占据现有市场;另一种是通过颠覆式创新(disruptive innovation)开辟全新的市场。——译者注

第三章　让制约创造价值

> 假如我们能直面审视制约因素，便会坚持目标，并着手寻求应对它们的策略。

目标，你是否应当人为地设定一些限制，使资源更为有效呢？如同财捷集团在印度的实践。

转变成"可以，假如……"的思维模式

回想下即兴喜剧[①]。在表演过程中。演员接续上一位演员的表演，妙语连珠；每位演员的表演都基于上一位演员所说或所做的。他们不用否定句式，而是说"是的，然后……"在面临现实条件的制约时，你同样可以像他们那样不用"我没法做，因为……"而是思考怎样解决问题，用这种方式来陈述问题，比如"可以，假如……"

---

① 即兴喜剧是喜剧表演的一种即兴处理方式，源自盛行于16世纪的意大利即兴喜剧团体，又称"假面喜剧"。即兴喜剧是一种没有剧本，由观众现场出题，演员当场即兴表演的喜剧形式。——译者注

开辟新的资源池

应对资源匮乏的另一种方式是另寻突破口。不仅限于考虑你能直接控制调动的资源，还包括那些已知的资源池，例如你的投资方（他们通常都会有比你的估算多得多的资源）、合作伙伴公司、控制资源的第三方（他们有你所需要的资源，可能也会利用到你拥有的资源），甚至是竞争对手，要与他们互利互惠，各取所需，实现共赢。

保持情感的投入

假如缺少情感与信念，你可能难以持之以恒地克服各种限制因素，并从中找到机会；在最初的尝试无功而返之后也会产生放弃的念头。任何情感都可能有效：恐惧、难受、兴奋和爱。当这些情感达到极致的时候会产生强大的力量，促使我们自主地迸发出灵感，并快速采取行动。当倾注了强烈的情感以后，你在实践过程中就不会怨天尤人、感叹命运不济。

不论是自己设置的限定还是现实中存在的制约，都要将这些限制因素变得能为你所用，切忌抱怨"为什么这件事情发生在我身上"，而应多想想"这件事情能怎样为我所用"。运用好限

第三章　让制约创造价值

> 当情感达到极致的时候会产生强大的力量，促使我们自主地迸发出灵感，并快速采取行动。

制条件，调整优化目标，使你能以更快的速度攀升至 S 型曲线的顶端。

制约条件的反作用力

假如没有制约，那么我们的创造便无从谈起，而且容易迷失方向。

1859 年，由夏尔·古诺创作的《圣母颂》这首曲子便是其中一例。古诺并没有即兴创作这首曲子，他在《圣母颂》起始部分设定限制，以两个世纪前约翰·塞巴斯蒂安·巴赫所写的 C 大调前奏曲的后一个旋律开始。[14]给自己设定一个可以助力的起跳板，古诺创作出了被世人传颂至今的经典旋律。

20 世纪作曲家伊戈尔·斯特拉文斯基也仿效了巴赫的灵

感,他说:"越是有所限制,你越能释放出真实的自己。"

假如你仍然认为,比起经受严格的制约,你更愿意像鸟儿般自由翱翔,那么想一下在失重环境下人类的真实体验吧。虽然我们中的大多数人都曾幻想过能够飞翔在蓝天白云之间,但实际参与零重力飞行实验的人很容易得病。除了恶心呕吐,长时间处于零重力环境下的宇航员可能会出现头疼、嗜睡、肌肉萎缩等症状。在人类演化的历史上制约与压力是种常态。重力引起的细微损伤能够激发生长激素的分泌。记住,重力而非失重才使你有更强大的力量。

制约使我们脚踏实地,并让我们更有力量。神学家兼学者戴维·L.贝德纳尔讲述过一个男人与卡车的故事。[15]

男人开车进入深山,不幸车被困在了雪地里,车轮空转,难以脱身。男人走下车,他没有寻求救援,而是在空载的车上装上了满满一堆碎木,外加一捆柴火。在压力之下,卡车终于能借助足够的摩擦力驶出了雪堆。

颠覆式成长的过程是一条自我成长的道路,假如你希望经过这条曲线得到自我提升,那么巧妙地利用壁垒与障碍这些限制条件所产生的强大反作用力,会让你更为强大。

第三章　让制约创造价值

借助障碍，安妮玛利亚·德·玛尔斯得以变得更强大。

20世纪70年代末，德·玛尔斯在圣路易斯华盛顿大学学习编程，毕业后，她在通用动力公司谋得一个职位。当时，工业工程师这样的岗位对"怀孕、女性、拉美裔"持有严重的偏见。同时，她还是美国有史以来第一个赢得世界柔道锦标赛冠军的女性——1984年，她拿下56公斤级的世界冠军。

德·玛尔斯没有设法让自己适应公司的生活方式，不久她便离开了通用动力去攻读统计学博士学位。此后，她又辗转北达科他州，到美国印第安保留地进行咨询、研究和写作。在北达科他州期间，她的丈夫在一次滑雪事故中受伤，并在几年后死于伤势引起的并发症，给她留下了三个孩子和一大笔未支付的医疗账单……

现在的德·玛尔斯是佩珀代因大学的统计学教授，并与人合作创立了7代游戏公司——一家旨在提升美国本土学生数学能力的公司。

德·玛尔斯经历了一系列挫折，而这些并没有限制她的职业生涯，而是以一种激励的方式成就了今天的她。

当然我不得不说，制约的大小是相对的。德·玛尔斯遇到的制约对你可能不值一提，或者是难以逾越的鸿沟。但不管你是安妮玛利亚·德·玛尔斯、尼克·乔治亚德、财捷集团的工程师还是美国国家航空航天局的研究员，你都会无一例外地面对各种制约。

重点在于，在资源极为有限时，成功人士会在捉襟见肘的处境中精打细算，将仅有的资源用在刀刃上，借助自身优势发挥出事半功倍的效率；或者改变战略，进入他们没有涉足的领域——因为其他路都被堵上了——这样反而大大减少了市场风险。制约迫使我们每个人要做出自己的选择，并为之负责，这是出征途上的一个关键点，它能帮助我们循着新的曲线扶摇直上。

1954年，霍顿·米夫林出版公司的一位编辑读到了一篇现在已非常有名的文章——《为什么约翰尼不识字》。这引起了他的兴趣，于是他准备挑战一下他的朋友西奥多·苏斯·盖泽尔："你能只用6岁孩子都认识的225个单词，写出一部能让一年级学生手不释卷的书吗？"[16]苏斯花了一年半的时间，其中一度束手无策、几近放弃。

但是最终，苏斯在1957年出版了《戴帽子的猫》，这是一项突破。运用朗朗上口且押韵的文字和生动的卡通形象，苏斯将儿童文学提升至全新的高度,而其基础恰恰就是这225个单词的限制。

对每一位颠覆者而言,比如我和苏斯,制约并没有束缚我们的自由,让我们望而生畏。学会拥抱制约,因为它会成为创造价值的工具。

| 第四章 |

自恃扼杀创新

自恃是指随着我们资历增长而形成的心理上的某些优越感。自恃的种类有很多,比如文化自恃、情绪自恃和智力自恃。这些自恃引起的偏执将扼杀企业与个人的创新萌芽,所以必须寻求解药,先于他人改变自己,助力颠覆式成长。

如果从你的字典中将"成就"这个词换成"贡献",那么你最终可以在事业上取得真正的"成就"。

—— 彼得·德鲁克　美国学者、管理学大师自恃是指随着我们资历增长而形成的心理上的某些优越感。自恃有多种形式，并且随着时代的发展，有日益增多的趋势。[1]在我们每个人的内心，或多或少都认为自己拥有某些方面的优势或者特权，这构成了我们内心世界的一部分。在努力朝着目标迈进，直至晋升为管理者的过程中，我能感觉到自己越来越倚仗资历。尽管我也努力加以控制，但仍有刚愎自用之嫌。在S型曲线的高速成长过程中，我们会变得日益自负，固执己见将蒙蔽我们的双眼，使我们看不到潜在的各项风险。

　　本章探讨了不同类型的自恃（文化、情绪和智力）以及这种偏执将如何扼杀企业与个人的创新萌芽，而我们又该如何防患于未然。

文化自恃：切忌管中窥豹

归属感是一种每个人都有的情感。我们大部分人会借助与企业或组织机构的关系来定位自身的价值，但是假如这种归属感过于狭窄，以至对边界以外的世界视若无睹，我们便开始故步自封，甚至刻意贬低其文化或思想，这种恃才傲物只会令我们逐渐沦为井底之蛙。文化自恃会蒙蔽视野，[2]让我们管中窥豹、妄自尊大，自认为所有事物尽在掌握之中。毕竟，不用缜密的思考，单纯延续以往的方法是最轻松的。

这种短视也存在于各个工业企业中，从汽车至教育，再到投资和零售等行业，无所不包。我早年阅读克里斯坦森的《创新者的窘境》一书时，有一段文字让我记忆深刻："令人震惊的是，西尔斯百货被淹没在了各种赞誉声中，诸如'非凡''伟大''卓越'等阿谀之词不绝于耳，也几乎在同一时间，公司开始对市场上发生的变化置若罔闻，例如折扣零售店与家居中心[①]的兴起。"[3]由于收入与利润的节节攀升，公司完全陶醉在了新闻媒体的称赞声中。在这种盲目的自恃中，西尔斯百货可以说故意忽略了颠覆

[①] 家居中心（Home Centers），一种以销售家居用品、技术或服务为主的，采取自选等自助服务方式销售的零售业态，如家居建材商店、家电量贩店等。——译者注

第四章 自恃扼杀创新

> 文化自恃会蒙蔽视野,让我们管中窥豹、妄自尊大,自认为所有事物尽在掌握之中。

者和竞争对手已经找到了它的软肋。

接纳合理的风险、发挥自我优势、接受自身制约之后,我们尝到了成功的硕果,这时我们很容易将之前的方式奉为金科玉律,失去了与时俱进的能力,对新的变化视而不见、听而不闻。当风险渐渐来临之际,我们已经变得木讷而迟钝。

解药:扩大社交网络,融入新的文化

我与丈夫居住在纽约的那段时间,他在斯隆·凯特琳癌症纪念研究中心进行分子生物学的毕业研究工作。为了研究,他需要利用一种漂亮的粉色媒介培养细胞。不过细胞不会在这种环境中待太长时间,三四天以后,这种媒介会暗淡成浅灰色。细胞需要消耗养分,并且会产生有毒和抑制生长的代谢物。当颜色发生变化时,你需要对它进行清洗,并移置在新的细胞培养器皿里，同时保持较低的细胞密度。

惰性会令我们满足于当前的文化培养器皿，但如果想要避免故步自封、停滞不前，我们在必要时也必须改变原先的文化环境和文化背景。

至于改变环境，一种低成本且切实可行的手段就是拓宽你的社交网络。[4]社交网络的覆盖面太过狭隘，你听到的往往是基本雷同的旋律、大同小异的观点，这坚定了你对事物原有的信仰；反之，当你把社交网络扩大后，新鲜的思想和别出心裁的创意就会源源不断。开放的网络可能让你不习惯，因为刚开始时你只是个圈外人，周围人都不理解你的想法，你还要尽可能去吸纳、消化各种相互冲突的观点。如果能够坚持这种开放的心态，与志同道合者展开交流，你就会对外面的世界有更加精准的认识。

这样做还能使你更容易产生突破性的创意。

凯洛格商学院教授布赖恩·乌济与本杰明·F.琼斯有过这样一项调查，他们统计了1990—2000年10年间的学术文献，跨越了各种学科与研究机构的共计1 790万篇研究论文。他们以每篇论文被其他文献引用的次数为依据，把这些论文按照影响力的大小进行分类排序。[5]结果发现，影响力最大的那些论文往往都是传统理论与标新立异观点的"混血儿"。

第四章 自恃扼杀创新

> 改变环境，一种低成本且切实可行的手段就是拓宽你的社交网络，另一种成本较高而极为有效的方式是完全融入另外的文化中。

  这里所说的"观点"是指在参考书目中所提及的、超越通常认识的引用备注。假如一篇论文同时包含了高度共性的知识点（85%~95%）与少量的创意（5%~15%），那么其影响力通常会比一般的论文高出两倍，并被视为具有开创性。

  避免文化上的自恃，另一种成本较高而极为有效的方式是完全融入另外的文化中。

  在21岁生日后不久，我离开大学去了乌拉圭，以传教士的身份在那里生活了一年。我非常喜欢那里的人，以及那个国家和它的文化，以至在毕业后，我的职业规划还包括了拉美地区。迄今为止，我已不下百次造访那片令我着迷的土地。

  强生集团旗下的杨森制药（Janssen）就是一个企业如何克服文化自恃的例子。

杨森制药发起了一项"浸润"计划。[6]该计划始于杨森制药的两名员工——安尼克·达姆斯和恩里克·埃斯特万,他们领导一个旨在提高公司多样性思维与经验的项目。在项目进展过程中,他们发现许多员工向公司提议要关注新兴市场,而这些员工却从未涉足过那些国家。

于是他们找到了阿德里安·托马斯——全球化市场准入与全球公共卫生部门的负责人,要求为他们的员工提供前往这些国家生活工作的条件。在托马斯的领导下,"浸润"计划成为一项全球化的健康计划,其使命在于:找出特定区域所面临的具体问题,比如罗马尼亚面临的丙型肝炎或罗马的老龄化问题。随后,公司会组建小型的跨职能团队深入该区域,找到可以向这一新兴市场提供的医疗措施。

在第一次尝试新鲜事物时,你会想要与那些自己信任的同事或朋友共事。在这个过程中你可能会遇到各种不确定性,受时间和财务的制约,让人心力交瘁,这时你会希望所有的共事者都是你熟知且可以信赖的。但是当你开始把控住节奏、开始寻求新的文化时就会发现,如同新颖性对学术论文的重要性,别样的文化环境是创意革新所不可或缺的土壤。

美国的移民便是一个极好的实例,求同存异,引入新

第四章 自恃扼杀创新

> 假如你想保持创新的活力,那么请打开窗户,让新鲜的空气融入现有的环境中来。

鲜的文化血液促使其创造力的大爆发。相比土生土长的美国人,移民中创业的比例高出两倍以上,硅谷中52%的初创企业由移民创立,而《财富》世界500强企业中的40%是由第一代移民或其子女创立的。[7]

贝宝(PayPal)创始人彼得·蒂尔特别强调了避免文化自恃的重要性:"做大家都知道如何去做的事,只会使世界发生从1到n的改变,即增添许多类似的东西。但是每次我们创造新事物的时候,会使世界发生从0到1的改变。不论有多困难,企业必须要投入到创新中,否则不论有多好的利润,在未来都终将失败。"假如你想保持创新的活力,那么请打开窗户,让新鲜的空气融入现有的环境中来。

情绪自恃：避开自怨自艾的泥淖

不久之前，医生提醒我已有糖尿病先兆，正常人的反应应该是："好吧，那么我得少吃些加工食品和白糖。"但我显然不够理智，恼羞成怒地说："糖是我仅有的偏好！吃块儿饼干有那么过分吗？"医生回应说："除了甜食以外，你肯定找得到让自己快乐的其他事情。"

你看，我的故事就是个最好的例子，情绪上的自恃会让我们不计后果地维护自身的感受。

我们习惯于将自己的感受看得比生活和工作更为重要。当你的同事通过自身努力得到了更好的机会时，你在为其高兴的同时或许会泛起妒意："我为什么没能得到这个机会？注定得不到机会，我为何还要努力尝试呢？"我自己就有过这样的感受。拒绝承认他人的成功同样也是一种自恃。

又比如，你是一位领导或是董事会成员，但你并不信赖下属的工作，凡事都要亲力亲为。这本质上是一种变相的情绪自恃，影响了对自己的管理职能尽责，浪费了聘请员工的资源，没能让下属担负起责任。我们的自恃形成了他们身上的枷锁，并最终作茧自缚。

第四章　自恃扼杀创新

如何看待金钱，这是一种有效衡量情绪自恃的快捷方式。如果赚得盆满钵满，我们往往会认为这是自己应得的；假如没有，那么我们不禁感慨命运多舛。多年前，我曾经在一篇博客中愉悦地分享我的年薪。我确实非常努力地工作，但是现在回想起来，那篇博客的语气中不免夹杂着些许自命不凡。在留言评论中我遭到了猛烈攻击，实在是咎由自取。对已获得的高收入，自恃会埋下陷阱，"我拥有这些是理所当然的"，言外之意是，只要能保持现状就可以永远得到这样的回报。[8]

有因必有果。我也曾因他人的自恃而受到巨大的伤害。我投资过一家初创型企业，公司计划了一笔9万美元预算的支出。但是在最后一刻，拥有一票否决权的决策者，在没有特别理由的前提下单方面改变了计划。她的决定让我们损失了至少3万美元，成为公司最终倒闭的原因之一。由于个人的自恃而导致公司业务、职业发展、财务资源受损的例子不胜枚举。[9]

从证券市场中我们可以得到一个和情绪自恃相关的有趣案例。

2010年11月10日，思科公司的股价突然暴跌16%，在几个小时内蒸发了大约200亿美元的市值。发生了什么灾难性的事件？根本没有。事实上，思科公司刚公布实际业绩超过了预期收益6%。公司财务报告显示，该季度的每股

085

收益为 0.43 美元，超出市场平均预期的 0.40 美元。股票市场投资者都熟悉这样的游戏规则：公司表现超出预期，在交易市场会产生数亿美元的市场价值。但是事实并非如此，在该案例中市场对此并未产生轰动，让人大跌眼镜的反而是开始抛售，就像思科遇到的情况。

并不是说情感需求不应予以满足，但假如相信生活亏欠我们、他人理应如何对待我们，都会使我们陷入自怨自艾的消极状态，让颠覆式成长难以进行。

解药：对梦想心怀感恩

要想避免以自我为中心的情绪自恃，试着保持一种感恩的心态。请每天列出三件值得感恩的事情和感恩的原因。[10]除此之外，将感恩变成"谢谢"，并告诉周边的人。通过这种表达，我们完成了一个自我反思的过程——认识到我们在成功之路上需要不断借助他人的力量。虚怀若谷，认识到自身的局限，这样才能不断提醒自己：世界并不以我们为中心。[11]

我们每个人都有梦想，而实现梦想的过程也总伴随这样或那样的遗憾：或姗姗来迟，或不尽如人意，或彻底破灭。埃里

第四章　自恃扼杀创新

> 世界上最难的算术题，便是如何清点我们的祝福。

克·霍弗，这位经历过经济大萧条时代的"码头工人哲学家"这样写道："世界上最难的算术题，便是如何清点我们的祝福。"在诸事不顺的环境下，保持一种感恩的心态着实不易，但如果不这样做，只会整天怨天尤人，感叹自己生不逢时。

或许你也听说过这个故事：

> 一群青少年在沙漠中远足时，响尾蛇咬伤了其中一个孩子。然而，同伴们没有立即为她清理毒液，而是去追杀响尾蛇。他们最终杀死了蛇，不过当他们再回到被咬伤的同伴身边时，毒液已经遍布其血液，她的腿必须被切除。

当我们痛苦于梦想不能实现，怨恨自己无法得到想要的甚至理所当然的生活时，不就如同去追逐已经不重要了的响尾蛇（难以实现的梦想），而任凭毒液（自身的怨恨与痛楚）遍布我们体内吗？对那些实现（或未能实现）的梦想心怀感恩之情，这是稀释情感自恃的良方。在豪情壮志难以如愿以偿时，我们会在一段

颠覆式成长

时间内心生沮丧，但重要的是选择以后的道路。正如查尔斯·狄更斯在《圣诞颂歌》中所写："思考当下的福祉，而非过去的不幸。福祉，每个人都有很多；不幸，每个人都有一些。"

智力自恃：对异议不要心生抵触

另有一种自恃更难以察觉，这便是智力自恃，即我们拒绝聆听那些我们视为"愚钝者"发出的声音。愚钝者所指的不一定是教育程度较低的人；混迹社会，凭借圆滑和小聪明讨生活的人可能会看不上象牙塔中的学究，反之亦然；企业的财务总监很少理会工会工人的观点，反之亦然；数码原住民[①]会对传统媒介不屑一顾。

其中并没有什么特别的缘由，你只是不想去听"那些人"所说的话。

> 以美国商品期货交易委员会（CFTC）前主席布鲁克斯利·伯恩为例，她曾发起过一场运动来监管数万亿美元的衍

[①] 数码原住民（digital natives）是指那些从小就活在数码世界中，习惯使用所有数码载体的人。这种人生在数码时代、长在数码时代，对传统媒介没有任何依恋，是标准的数码新人类。——译者注

生品市场，但最终未能如愿以偿。在克林顿政府让她掌管CFTC后不久，伯恩就意识到场外交易（OTC）衍生品市场的规模正在迅速扩大，但这块市场的信息却不透明，于是她打算采取监管措施。

引述美国公共电视网（PBS）《前线》栏目特别报告的话："从她试图监管衍生品开始，先是迎来了美联储主席艾伦·格林斯潘的激烈反对，随后美国财政部长罗伯特·鲁宾和常务财政副部长拉里·萨默斯说服国会叫停伯恩的行为，限制其进一步的监管行为。"引用《纽约时报》记者蒂莫西·奥布莱恩的表述："他们……封上了她的嘴，然后彻底封杀了她。"值得注意的是，谁都知道伯恩不是傻瓜，她是第一位《斯坦福法律评论》的女性社长，是同行中的佼佼者，是大宗商品与期货领域的专家。但正是由于位高权重的三位人士自认为深谙金融市场，完全无视她的监管要求，这直接引发了2008年的金融危机。

客观来讲，格林斯潘等人的反对并不令人感到意外。根据心理学家希勒尔·艾因霍恩和罗宾·霍格思的观点："我们人类这种动物，乐于接受确凿无疑的事实，排斥那些还未被证实的观点。"以伯恩为例，在20世纪90年代，市场运行稳定，国家发展繁荣，身处这种环境的"三巨头"显然不会理会她未经证实的观点。更何况这种令人不安的消息源自"不可靠"的人（例如一位女士），这使他们有理由怀疑她提供的数据。在金融危机后，美国证券交易委员会前主席亚瑟·莱维特说："假如她和我们彼此熟知……或许事情会有不同的结果。"[12]伯恩引用商品期货交易委员会主任迈克尔·格林伯格的话："他们说你不是核心团队的成员，但他们何时又抛出过橄榄枝呢？"

我们偏向与志同道合者相处，乐于接纳他们的观念，但对相悖的观点和价值观则会心生抵触。根据保罗·卡莱尔和克莱顿·克里斯坦森的看法："异常现象的发现使原本的理论无法诠释，唯有如此，这一理论才能得到升华。"[13]假如你发现正在为一个人及其想法感到困惑、抵触甚至恼怒时，应该知道你正面对异常现象，但也是你进步的一个阶梯。

解药：与异议结盟，助力颠覆式成长

鲜有人生来便会接纳异议并为己所用，这需要在生活实践中不断提醒和告诫自己。例如在对待刚刚涉世的新人时，你是否会在还未领会他们所表达的意思时就将其打断，还是会鼓励他们畅所欲言？如同管理学家莉兹·怀斯曼在《新鲜感》(*Rookie*

第四章 自恃扼杀创新

> 我们偏向与志同道合者相处，乐于接纳他们的观念，但对相悖的观点和价值观则会心生抵触，同时这也是你进步的一个阶梯。

Smarts）一书中所谈到的："对没有经验的人而言，不论是刚出大学校门的毕业生还是从其他企业或职能部门跳槽过来的人士，他们都有可能发挥出自己的才能。由于在重要的专业知识上有所欠缺，他们会更谨慎、更努力。"[14]还记得 Shabby Apple 公司创始人阿佘·伍利·勒叙厄尔的故事吗？她不懂缝纫，也不深谙传统服装行业的商业模式，而这些恰恰构成了她的优势。在颠覆式成长过程中，你需要积累专业知识，具备各项技能，但如果想要避免发展过程中的瓶颈，你还要有新鲜血液（即创意）的输入。

与异议结盟是一个不错的策略。不少谈及创新的著作都会用大卫与巨人歌利亚的故事①来比喻机智的创新者与墨守成规的守旧者，不过在创新过程中的每一个企业或个人，大卫与歌利亚应该是盟友而非敌人。但假如你刚愎自用、自命不凡，那么距离创

---

① 歌利亚是传说中的著名巨人之一，《圣经》中记载，他带兵进攻以色列军队，被牧童大卫用投石弹弓打败。——译者注

新的道路只能越行越远。

在《写作改变世界》(Writing to Change the World)一书中，作者玛丽·皮佛说："选择'我们'或'他们'这样的人称代词会令人陷入困境。人称代词的选择表明了我们的立场，将支持的一方称为'我们'。"[15]保持源源不断的动能，就要培养一种"大我"的心态，同时拥抱大卫与歌利亚、制约与资源，以及劣势与优势。如果喜欢篮球，你不难发现身高1.67米的蒂尼·博格斯与身高2.08米的阿朗佐·莫宁曾经效力过同一支球队。

最后，让自己融入提出异议的人群之中。智力自恃，理所当然地会认为别人都认同自己，克服这种认识的最佳途径是将不同的见解翻译成自己的语言，并复述给对方。不论你的复述对象是顶头上司、管理层、首席执行官还是自己的孩子，都要将他们的观点融入自己的声音中。不论你多么强势，当保持谦和的态度去协调各方的观点，你都能在颠覆式成长之路上找到飞跃的跳板，同时也能助力他人快速提升。

斯科特·麦克尼尔现在是通用集团分布式电力服务事业部的首席信息官。在通用电气早期的职业生涯中，麦克尼尔是塑料部门的一位生产工程师，他的任务是通过自动化方案提高生产效率。然而，自动化技术的实施就意味着最

第四章 自恃扼杀创新

> 智力自恃，理所当然地会认为别人都认同自己，克服这种认识的最佳途径是将不同的见解翻译成自己的语言，并复述给对方。

终操作时间的缩短、潜在收入的缩减以及所需员工数量的减少。这种效率的提升是企业，尤其是首席财务官最希望看到的，但严重损害了企业内部员工的切身利益。麦克尼尔综合考虑了员工的各项顾虑，并为之留出了一笔预算来解决他们的实际问题。该方案得到了理想的效果，获得了员工对改革的充分信任。由于麦克尼尔善于倾听和回应他的同事，他们也投桃报李，对自动化改进方案始终保持积极的支持态度。

先于他人改变自己

在莎士比亚的《亨利五世》中，有一段描写英国士兵营地的夜间场景，那时正处在与法国开战的前夕。亨利伪装混迹在士兵群里，试图了解他们的斗志。士兵没有认出他，于是便肆无忌惮地畅所欲言。他们谈到了谁该为战争负责，是发起战争的国王还是作战的士兵。一位士兵说："假如国王发起战争是一种错误，那么我们的服从就是犯罪。"亨利国王仍保持着伪装，回应道："臣民之责在君王，而他们的心灵则属于自己。"这句话直指战争发起的权责。

我们可以抱怨自己被人呼来唤去，但要真正发生改变就需要自我颠覆。因为创新是一个由内而外的过程。

总有我们难以驾驭的外在因素，想要经历颠覆带来的高速成长有一些必经之路：自我约束，然后发挥自身的独特优势，并接受合理的风险。

我们大多数人都有改变世界的信心与能力，更加重要的是，我们要保持谦卑之心，懂得改变世界、持续创新首先要不断改变自己的道理。切勿让盲目急躁蒙蔽了双眼，失去了我们崇高的理想。

| 第五章 |

多维度生长

无论是企业还是个人,有时候一味地勇往直前换来的不是停滞不前,就是碰壁难行,所以有的时候需要采取以退为进的策略找到新的助力点和潜在的时机,调整成功的指标,为成长曲线的迅速上升积蓄力量。

> 当你学到什么的时候,最初的感觉往往好像是你失去了什么。
>
> ——萧伯纳　爱尔兰剧作家

有些时候，你需要以退为进、委曲求全，就像跳水运动员跳离踏板前需要蜷缩身体、船夫要向后拨水方得使船前行一样。因为根据牛顿第三定律，每一个运动都会产生大小相等而方向相反的反作用力。

"颠覆"一词原有的意思就是从侧面、后方、底层等不起眼的角度打破原有事物的结构，从而展现崭新的面貌。作为经营者，你需要损失一些利润来换取支持未来发展的基础设备；作为管理者，你需要牺牲自身的效率来培训、教育你的员工，创造出高效的整体团队；作为职业经理人，你可能要在职业生涯中经受职位与薪资的跌宕起伏，才有可能成为该领域的专家。

在本章中，我们会探讨企业与个人该如何采取以退为进的策略来谋求发展，如何从侧面、后方、底层等角度找到助力点，如弹弓般向后拉伸皮筋，然后把钢珠弹射出去。

以退为进：突破成长天花板的契机

企业在规模日趋扩大时，往往会放弃某些当前规模有限且具有风险的细分市场。尽管这可能是一些潜藏着巨大商机的市场，但在短时间内，其收益很难达到大型企业的最低要求。这方面有许多相关的案例，比如雅虎（Yahoo）。

在互联网发展的初期，雅虎引入了横幅广告的概念，继而采取基于点击响应的收费策略，在盈利模式上占尽先机。[1]但是继横幅广告后，雅虎只是单纯追逐更高的利润与收益，却忽视了内容营销与移动端的机会。这些原本被雅虎视为蝇头小利的生意，现在却直接对他们的主营业务造成了不容小觑的冲击。

对已经驾轻就熟的业务，你的确能如鱼得水、应对自如，但其带来的收益增长毕竟有限。而后退一步则意味着居安思危，探索发展的后续动力，未雨绸缪地拟定出相应的规划。当最终跨入新的增长曲线时，你已经提前做好财务和心理方面的准备，实现了平稳的软着陆。

波兰BRE银行的案例可以很好地诠释什么是以退为进。

第五章 多维度生长

> 后退一步意味着居安思危,探索发展的后续动力,未雨绸缪地拟定出相应的规划。

银行业专家克里斯·斯金纳在其出版的《互联网银行》[①]一书中谈道,BRE银行在1988年成立后迅速发展,很快就成为波兰第三大银行。而就在此时,随着互联网的兴起,BRE银行推出了mBank——一家纯粹的网上银行。

2011年,BRE银行迎来了一轮颠覆式发展的契机,后起之秀Alior银行向BRE银行发起挑战。斯金纳说:"考虑到核心市场可能受到的冲击,BRE在15个月内投入了3 500万美元来改造银行,使之更加适合移动化、社交化和数字化时代,例如提供基于文字的转账服务。整个集团甚至完全抛弃了BRE这个名字,更名为mBank。"[2]除了一举拿下11项全球行业创新奖项外,mBank不仅用创新打败了竞争对手Alior,而且再次成为波兰用户数量第一的企业,增长速度远远超过行业平均值。

[①] 《互联网银行》一书已由中信出版社于2015年出版。——编者注

仅以个人得失衡量，当你鼓励员工尝试新的角色时，业绩和利润在短期内势必会受到影响，这种绩效的滑坡会令你处于不利的境地。但从长期来看，这将使你和企业越发生机勃勃。在埃森哲的深入调研中，有着卓越表现的企业，它们能够傲视群雄，积累起更多的财富，也能未雨绸缪，在变化来临前准备好业务外的多项能力。[3]这令那些不思进取、无视可持续发展的企业望洋兴叹。

可以肯定的是，主动后退要强于被动撤退，无论哪一种，在发展进程中后退对任何公司和个人似乎都是必不可少的。公司会受到竞争对手的激烈挑战，不得不重新思考产品与服务；个人可能遭遇解雇，尽管已经竭尽所能、全力以赴。无论何种情况，当前途岌岌可危的时候，主动后退可能都是你应该跨入全新成长曲线的契机，从而开拓进一步成长的空间。

Tractor Supply Company是一家针对家居园艺、农业、草坪与花园市场的连锁商店。公司成立于1938年，最早向全美600万农民销售拖拉机零件。随着业务的平稳发展，公司在20世纪50年代得以上市。但是到了60年代后期，拖拉机已经变得非常坚固耐用，不再需要准备许多配件了。与此同时，农民的数量减少到300万人。在之后的12年里，

第五章 多维度生长

> 无论何种情况,当前途岌岌可危的时候,主动后退可能都是你应该跨入全新成长曲线的契机。

该公司进行了两次并购,曾经在10年间聘请了5位总经理。但是随着越来越多的门店关闭,公司的营业额下降到1亿美元,较鼎盛时期大幅下滑。到了80年代初期,公司的多位高层对公司进行了评估售卖,曾经辉煌的公司也从此更名易主。

公司的新主人在调研了大量数据后发现,一方面,依赖土地为生的农民数量确实不断减少,但是另一方面,以消遣为目的的种植却在上升。于是公司决定在为农民与农场提供拖拉机零件之外,大胆进行战略转型。正如公司原首席执行官乔·斯卡利特所说:"我们的目标是满足人们的喜好,如同宠物商店为宠物的主人提供服务一样。"今天,转型后的公司已经拥有1 400家门店,营业额超过50亿美元,比排在其后的5位竞争对手营收总和还高出3倍![4]

对个人而言，后退一步也是一次痛苦抉择的过程。

埃琳·彻丽曾在美国银行和法国兴业银行分别担任律师与监察主任，然而，一封解聘通知书让她从发展曲线上坠落。儿子问她："妈妈，你做错了什么？"在之后大约一年的时间里，她也经常这样问自己，最终她意识到这样的问题和答案都已不再重要，于是摆脱了挥之不去的阴影。"要知道，被辞退总是令人难受的，"她说，"我已经不再年轻，没有大把时间可以虚度。但是在那一年的大部分时间里，我都无比沮丧，深陷中年危机之中。我质疑自己的能力，认为以往的成功纯属巧合，怀疑自己能否东山再起、重返职场。"[5]

不过彻丽最终迈出了第一步，她完成了有生以来首个铁人三项赛和三次五公里跑，健康状况也得以改善。她还加入了一家心仪的合规咨询公司。彻丽体会到生活仍在继续，太阳照样升起，她发现自己的工作特别重要，但并不需要为了工作而牺牲家庭和睡眠。另外，她还能融入团队社区之中，许多人愿意向她倾诉衷肠。她意识到，在事业发展上遇到障碍与挫折是正常的事情，只有这样才能坦然面对那些不可预料的打击，避免就此一蹶不振。

第五章　多维度生长

> 企业基业长青需要有不断增长的利润作为基础，个人的幸福感也有赖于心智的日臻成熟。

我们要知道我们在成长之路上并不孤单，生活在继续，我们也将迎接再一次的成功。

正如企业基业长青需要有不断增长的利润作为基础，个人的幸福感也有赖于心智的日臻成熟。许多时候，我们会遇到成长的天花板——在达到一定水平后已经没有上升空间，只能周而复始重复同样的工作，于是另谋高就或转换角色成了许多人的选择。

不过严格地说，跳槽并非是唯一的选择，我们可以看一看戴夫·布莱克的案例。

布莱克在加州大学伯克利分校获得机械工程硕士学位后，便加入艾迪欧设计咨询公司（IDEO）任工程师，一干便是20多年。许多像他这样的人会选择不断提高业务领域内的各项专业技能，最终成为技术部门的管理人员，但布莱克不随大溜。他选择转职成为一名项目经理，这个职位为许多同僚所不屑，因为他们认为这个职位只适合那些不能胜任工程师职务的人。但是新的角色扩大了他的技能范畴，例如，他掌握了如何调度工作和鼓舞团队士气。这些新技能最终让他进入管理层，成为一名技术策略主管。布莱克在职业生涯开始时并没有预见到会担任这么重要的工作，但是他另辟蹊径，25年后在艾迪欧取得了更高的成就。

当然，有时后退一步便意味着另择良木而栖。

2002年，卡里纳·克拉克在网威公司（Novell）担任网络产品高级主管，负责一项8亿美元的全球化项目。就在工作的巅峰时期，克拉克离职去了一家不知名的初创企业——Altiris，负责市场营销方面的工作，薪资也只有原来的1/3。Altiris是一家提供软件即服务类型的云计算平台企业，可以帮助客户更好地管理资产。这一步后退成为她个人飞跃的跳板。2007年，Altiris公司被年营收在60亿美元的安全与存储软件企业赛门铁克（Symantec）收购，克拉克也成为其首席市场营销官。

到了2012年，在经历治愈子宫肌瘤的一段休假后，克拉克再一次屈尊到Allegiance公司担任首席执行官。这是一家资产仅有2 000万美元的软件企业，旨在为客户提供实时的数据分析服务。2015年年初，信息服务公司MaritzCX收

第五章 多维度生长

> 以退为进战略可能会带来转机、希望甚至财富，但并不代表后退总是正确的。

购了该公司。尽管Allegiance公司全年营收只占MaritzCX公司的1/10，但克拉克还是被Maritz集团董事长任命为总经理和首席执行官。

克拉克适时采取的以退为进策略，是她在职场中获得成功至关重要的因素。正如她经常讲的那句话："放弃手头现有的利益，来赢得未来更大的回报。"别忘了克莱顿·克里斯坦森在首席执行官的职位上被解雇后，他选择到象牙塔中攻读博士学位——那时他已年近40岁，且带着5个孩子。[6]后退的这一步让他探索整理出一套全新的理论，改变了人们对商业的看法，而克里斯坦森也成为全球首屈一指的管理学专家。

把握后退一步的时间

以退为进战略可能会带来转机、希望甚至财富，但并不代表后退总是正确的。假如你即将被委以重任，且极具机遇与挑战，例如管理一个部门或在高级管理层内占据一席之地，此时若要后退一步，便显得有些多余。但假如你在现有环境下已经达到顶峰，那么寻求更高的目标就正合时宜。同样的道理也适用于企业，因为只有不断发展才能给员工提供更广阔的成长空间。

关于是否应该后退一步，以下几种情况需要纳入考虑范围。

首先，你需要转移竞争的方向。后退一步意味着你在技术和能力方面已经遥遥领先，但切勿扬扬自得，因为此时你的风险已然陡增，除非你的技能是任何人都无法企及或超越的，否则你都有被替代的可能，尤其是那些对薪酬要求较低的新人，他们的竞争能力远高于你。此时，做好后退一步的准备再正常不过。

其次，颠覆确实会带来巨大的回报，然而企业的颠覆式创新通常会以低成本方案进入市场。而对于个人就另当别论，因为你显然不希望后退一步降低了你的社会价值。所以开始自我颠覆之前，你在衡量个人社会价值时必须添加新的元素，即颠覆带来的回报不仅体现在收入上，心理与社会因素也同样重要。

再次，还须考虑你所处的职业阶段。在职业发展早期，你尚处于S型曲线的底端，从事着基础性工作，后退一步损失不了什么；那些已经居于S型曲线顶端的资深员工，他们精通业务，技术过硬，即使出师不利，也有足够的余地重整旗鼓、东山再起。

第五章 多维度生长

> 是否应该后退一步应考虑四个因素：转移竞争方向、颠覆带来的回报、所处的职业阶段，以及后退的计划与策略。

所以，这些人可以大胆地颠覆自我。但假如你位居中层，情况就没那么简单了，颠覆式创新有可能断送你的仕途，损失你的既得利益，故须三思而后行。

硅谷的一家著名企业内有一位负责人力资源的项目经理（我们暂且叫他"本"），他发挥编写代码的优势，开发出了一套系统，可以缓解各部门组织架构上面临的问题。所有人都没有想到本可以开发出这样完善的解决方案并提供详尽的运营数据，整套系统只花了不到一个月的时间，而且几乎没有产生任何额外的成本。现在，IT（信息技术）部门的同事必须决定这款方案的命运——接纳还是否决。尽管不论是在成本还是在速度上，整套系统都更能胜任相关的工作，但他们仍选择了后者——历数系统的缺陷与瑕疵。

如果你现在或曾经是一位中层经理人，想必对这种处境并不陌生。在创新领域，这是"无奈的夹层"，这使得高效的方案被束之高阁。如果中层经理人相信自己能够承受成长曲线的起伏，其所领导的部门会更加活跃，产生出更多的创新力。不幸的是，许多像本一样的中层经理人不得不顾及他人的想法。你在后退一步时，也可能会遇到类似的处境。

最后，后退是有计划和有策略，而非盲目进行的。找准方向，积蓄优势，才能腾起飞跃。

在我提供咨询服务的客户中，有一位是精于营销的老手，他曾经为总统竞选筹集过资金，也销售过企业级软件，现在他希望进入私募基金领域。

鉴于他迄今为止的资历，隔行如隔山这种跨越绝非轻而易举，但综观全局却具有较高的可行性。他居住在波士顿，那里有很多私募基金公司，他在这方面有广泛的关系网络，这与他原先居住的爱达荷州的情况全然不同。毋庸置疑的是，他在金融领域需要付出更多的努力，展现在面前的是一条荆棘丛生的崎岖之路。但幸运的是，由关系网络编织而成的个人生态系统，使他在排除风险、实现跨越中占尽优势。

为了降低风险，必须确保在即将跨入的成长曲线里你所面对

第五章 多维度生长

> 为了降低风险，必须确保在即将跨入的成长曲线里你所面对的是合理的风险，并能够发挥你特有的优势。

的是合理的风险，并能够发挥你特有的优势。

我们以X轴代表时间，以Y轴代表成功的高度，那么颠覆式成长便意味着你甘愿承受Y轴上的回调，放弃现有的优厚条件，面临薪资下挫、职位降级等风险，但这一切的后退只为接踵而至的斜率更陡峭的上升曲线积蓄能量。切勿草率地跨入错误的成长曲线中去。

做好后退一步的准备

有时候我们由于恐惧会弃船而逃，因为情况变得越来越糟糕，别无选择。以我个人的经验，在一帆风顺的航程中决定改变方向会很困难。平安无事的处境会消磨你无惧风险、知难而上的勇气，那么在这时也请准备好救生艇，以备在风云突变时找到避风港。

查尔斯·斯科特在英特尔资本风险投资基金内拥有一份称心如意的工作,并且他为英特尔开发出了清洁技术投资的策略。他希望能花更多的时间陪伴孩子,但并没有马上辞职,而是花了两个月的时间实施了梦想中的计划:2009年夏天,他带着8岁的儿子骑单车环游了日本,67天共骑行了4 000多千米。

斯科特处理自身局限的方式可被视为典范。他利用休假尝试应对财务风险的能力,确保自己能经受得起失去工作的影响。此外,他不仅说服公司资助自己的旅行计划——在旅途中借助公司设备发布与冒险相关的博文,同时还通过为植树活动筹集款项,履行联合国应对气候变化所做的号召,联合国因此授予他及其孩子"环境英雄"的称号。

当他完成了这一梦想后,斯科特对转行有了更大的把握,即便这意味着要放弃高职位、高薪酬的工作。所以在正式从英特尔辞职之前,斯科特认真规划并储蓄了两年的资金,最终他推出了家庭冒险计划(Family Adventure Guy)——一项让他带着孩子为慈善从事耐力挑战的事业,并把亲身经历作为素材,用写作与演讲来寻求赞助与支持。

第五章 多维度生长

> 在跨入全新的成长曲线时,最困难的一点在于从原来的自我中分离出来。

在跨入全新的成长曲线时,最困难的一点在于从原来的自我中分离出来。丽贝卡·杰克逊在散文《走出原有的躯壳》(Shedding My Skin)中这样说:"你所放下的是你的甲胄,还是你的束缚;是彰显你的尊贵,还是蒙蔽你看向未来的双眼?如蛇蜕去外皮那样,让新生的肌体丢弃珍贵的外衣,在通向远方的道路上轻装上阵。"[7]

当我们后退一步开始储备弹射的动力时,会对周边的事物不适应,对自身也会有挫败感。在成王败寇为导向的传统观念中,即使是短期的地位下降也会令人难受,不禁自问:"我这样做对吗?"尤其是在面对下属时。麻省理工学院的名誉教授埃德加·沙因在进行谦卑艺术的调查中承认:"此时此刻我的地位不如你们,因为我需要借助你们的知识、技能才能完成任务,达成我的目标。"对许多人来说,这会令人感觉痛苦。沙因说,事实上在某些文化中,"耻辱与丢脸比任务失败更令人难以接受"。[8]

111

重新定义成功的标准

"颠覆式创新的成与败,应该有别于传统价值体系中的标准。"克里斯坦森写道。说得更直白些,在颠覆式成长时,你需要用更适合的标准来衡量所取得的成就,甚至需要引入全新的指标。

让我们来认识一下比利·比恩这位奥克兰运动家棒球队的前总经理。

尽管财务上并不富裕,但奥克兰运动家队曾经在比恩掌舵期间成为美国职业棒球大联盟中经营最为成功的球队。迈克尔·刘易斯在畅销书《点球成金》中介绍了手头拮据的比恩是如何改变绩效评价系统,从而扭转局势的。

当奥克兰运动家队从芝加哥白袜队购买替补投手查德·布莱德福德时,作为投手,布莱德福德的各项表现都很优秀。但是他的快球速度仅达到每小时130~137千米,而且他的投球动作看上去也非常滑稽,经常招来嘲笑。奥克兰运动家队对球员的能力评价独具慧眼,而且综合全面,伯乐比恩认定布莱德福德是匹宝马良驹。

根据刘易斯的记录,"查德·布莱德福德放弃了赛事中

第五章　多维度生长

按照每次投球收费的方式，但是他的表现却远远超过了其他投手。他在小联盟中滚地球与飞球的比例是5∶1，而大联盟中的平均值才略超过1.1∶1"。[9]滚地球能够穿过击球手，为球队赢得一分甚至两分的好球。后来，布莱德福德以1 050万美元的身价与巴尔的摩金莺队签署了三年的服务合约。

当力求客观衡量自己的表现时，先不妨回顾一下：我是怎样定义成功的？年轻时，成功的标准是由家长或老师为你制定的，其中可能包括：应该取得怎样的成绩、进入哪所大学、从事怎样的工作，以及远离诱惑、陷阱之类。一旦达到了这些标准，就能享受由此带来的成就感，自此以后你便开始制定自己的标准来指导努力的方向了。

在职场，你需要创建具有前瞻性的衡量指标。根据迈兰制药负责全球薪酬福利体系的副总裁斯泰西·彼得雷博士的观点："你可以找到许多用于经理人绩效评估的参数，简单来说有三种：第一，人才挖掘——统计一位经理人所带领的团队中有多少成员进入企业的其他部门；第二，改革创新——他们是否营造出了适合新思想、新观点的环境，这可以通过团队成员提出的创意数量加以衡量；第三，价值集成——经理人将分析整合有价值的信息，并使之成为强化企业竞争力的资产，例如，部门创造出多少种现金管理策略。"[10]这些都可以用来衡量经理人的业绩。如果需要，这些方法几乎可以衡量任何事情，在个人指标的调整过程中也同样适用。

事业上的颠覆式成长会影响到你的生活。在我发表于《哈佛商业评论》的一篇文章中，一位读者评论道：

> 5个月前，我从一家调研机构的岗位上辞职，准备开启自由职业之路。但我妻子打乱了我原本的计划，她成了专职咨询师，而我不得不在整个夏季搁置先前的计划来照顾6岁的双胞胎。孩子们占据了我大量的时间，我需要重新平衡工作与家务。今天我带孩子们去看望住在小村庄的父亲，我惬意地坐在胡桃树的绿荫下阅读你这篇有关不同指标的文章，两只小狗安静地躺在脚边，孩子们在和他们的祖父嬉戏。悠闲的一天，却让我收获颇丰。对成功不同的诠释带给我很大的启发，每个月都会发作的偏头痛也似乎消失了。

从这位父亲的例子中可以悟出一个道理，在设定指标时，不仅要考虑职业的发展，同样也需要兼顾个人生活中的各项指标。[11]

单纯的"参与"是最为重要的指标吗？在阅读了一些研究成

第五章　多维度生长

> 在设定成功指标时，不仅要考虑职业的发展，同样也需要兼顾个人生活中的各项指标。

果后我开始相信伍迪·艾伦那句为人熟知的话："80%的成功来自参与。"根据加州大学戴维斯分校的心理学教授基思·西蒙顿的研究，如果用被其他作品引用的次数来衡量一篇论文是否成功，那么一位科学家发表开创性论文的概率与其撰写的论文数量有直接关系，而和他的智商并无关系。[12]

威拉姆特大学的战略管理学教授罗伯·魏特班追踪记录了俄勒冈天使基金的投资回报率。在10年时间内，他发现带来最高投资回报的掌舵人与球类比赛中的冠军获得者的情况类似。[13]每位"参赛者"都有成功的机会，只要不言放弃、不断努力，他们的公司都可能会成功，这被称为机会平等原则。如果你想写出经常被他人引用的论文，那么便埋头写作；假如你想要创办成功的企业，那么开始努力创业；想要提高颠覆成功的概率，那就开始不断颠覆。这是个最简单的达标原则——做，并且不断地做。

多数人在生命中的某个时刻会审视自己已经走过的路，思索是否应该做出转变。通常我们为此贴上"中年危机"的标签。在

颠覆式成长

颠覆式创新理论中，这是指重新思考那些对于个人非常重要的指标。著名心理学家爱利克·埃里克森将其描述为个人的再生阶段，在此期间积累起来的丰富知识与经验，让我们有足够的能力去做有利于自己和社会的事情。我们在开始时自问："我应该做哪些让生活更有意义的事？"然后，我们用来衡量成功的指标开始转变。在职业生涯的早期阶段这些指标可能是金钱和名誉，但是现在你会想要更广阔的天地，更自主、更灵活地与人们交融与连接，这样就会产生不同的标准来定义成功。而且，只有你自己才能玩转"点球成金"。正如社交媒体与商业战略学家利兹·斯特劳斯所说："别指望让全世界来判定你的价值，你要为自己的命运定价。"

一旦进入新的成长曲线，你就需要重新调整自身的评价体系。如同企业会经历初创阶段的无序，在经营生产日趋规范化、制度化以后才能持续发展一样，个人也需要确定哪些指标对自己是最为重要的，才能锁定方向与目标，沿着 Y 轴（成功的高度）冲顶成功。我不确定你会如何定义成功，就我个人而言，成功的定义可以引用塞缪尔·约翰逊的话："野心的最终目标指向是在家庭中得到安逸与愉悦。"

新的道路上曙光初现时，就意味着你已经偏离了原来的轨迹——此时与你生活工作中息息相关的人，当然包括你的家人，

第五章　多维度生长

> 一旦进入新的成长曲线,你就需要重新调整自身的评价体系。

他们或许更希望你维持现状。另外,原来那些习以为常的衡量指标,令你感到熟悉甚至亲切,你也已经养成了各种习惯,循着那条舒坦的老路走,虽然放不开步子,但是轻松稳健。生活的真谛如逆水行舟,不进则退。[14]和身上的肌肉一样,我们大脑中的细胞同样会用进废退。大脑中的神经元会因为缺乏活动量而萎缩,持续的刺激则会令其健康且充满活力,而当你在弯道超车、自我颠覆时更是如此。

| 第六章 |

坦然面对失败

约翰·弥尔顿说:"心灵自有所归属,天堂与地狱只在一念之间。"成功与失败亦是如此。在颠覆式成长之旅中,失败是不可避免,甚至是必要的,面对它,接受它,并汲取其中的经验与教训,你会更容易找到属于自己的成功之路。

只要你能够有效地利用经验,那么做任何事情都不是在浪费时间。

——奥古斯特·罗丹　法国雕塑艺术家

你创办了一家公司，却以破产告终；你发布了一款新产品，不但乏人问津，客户还对其嗤之以鼻；你被炒了鱿鱼……当鼓起勇气开启颠覆式成长之旅，却发现进展迟缓，甚至最终只能放弃时，你会怎样？又该如何应对呢？

这里我想引用亨利·福特的一句话："失败只是重新开始的机会，而这次你会更加明智。"这句话因福特先生取得的成就而为人熟知，但它忽略了失败所引起的心理与情感层面的复杂因素。我经历过无数次失败，从平凡的琐事，例如在高中时代没能选上啦啦队长，到遭遇解雇、企业投资失利等重大挫折。不论我可以说出多么慷慨激昂的励志格言，最初时刻的反应都是悲观、失望，甚至是逃离——迫切离开这个城市，因为不想出现在公开场合，永远！一次也不！我比较认同马格丽·埃尔德雷奇·豪厄尔的一句话："受难中感受高贵，痛苦中亦存有尊严，唯失败如伤口上的盐，不断刺激、灼烧，疼痛难当。"

为何我们会厌恶失败

通常来讲,我们拒绝失败、厌恶失败是从孩童时期开始的。

卡罗尔·德维克和克劳迪娅·米勒进行过一项研究,观察不同类型的赞扬对五年级的小学生将产生怎样的影响。学生们需要依次回答三组问题。在回答第一组问题后,研究员会称赞其中一半学生的成绩(如"你真的很聪明"),而对另一半则称赞其努力程度(如"你一定下了不少功夫")。第二组问题非常难,几乎没有孩子能准确回答。然后他们会被问第三组问题——与第一组同样简单——以便观察第二组问题的失败会怎样影响他们的表现。

德维克和米勒发现,之前被称为"聪明"的学生,他们最后一组问题的表现较第一组大约差了25%,并且更趋向于将原因归咎于自身的能力。相应地,他们并不喜欢解决问题的过程,比较容易放弃。而被称为"努力"的孩子的表现比第一组提高了25%,并且更倾向于将原因总结为自己不够努力,他们能坚持更长时间,并享受解决问题的整个过程。[1]

正在阅读本书的各位读者,你或许从小就被视为聪明的孩

第六章　坦然面对失败

子，而通常来说，聪明的孩子往往会根据自己已经取得的成绩来建立对自身的价值认同。根据社会心理学家海蒂·格兰特·霍尔沃森博士的研究，"高于平均层次的人，常常更加严厉地评判自身能力，并且评判方式和一般人相比会有本质上的不同，特别是在西方文化环境下。在成长过程中，天才儿童的内心更加脆弱，在应该自信的时候经常畏缩……"霍尔沃森继续说，"儿童时期，我们从父母、老师那里得到怎样类型的反馈，很大程度上影响了我们掌握技能的信心，包括我们是否会将某些能力视为与生俱来、难以改变的天赋，还是我们能够通过努力与不断练习在后天习得。对女性尤其如此。女孩子经常会因为端庄文静、注意力集中而受到称赞。事实上，一个成绩优异的女孩最容易在面对困难时认输。"[2]不论你的性别如何，假如你将机智、聪慧以及伴随而来的成功视为与生俱来的一部分，那么当遭遇挫折时，失败会完全压垮你。

此外，神经化学方面的原因也会让我们厌恶失败。组织行为学与人类学家朱迪丝·E.格拉泽解释说："当我们因身处紧张局势或会议中而感觉失利时，身体会发生化学变化，从而保护自己——避免由于错误而惭愧，丢失话语权。从神经化学层面分析，这时我们的大脑已经被挟持了。"高压状态下，格拉泽说："皮质醇激素和神经递质充斥在大脑中，帮助我们管理预期与现实之间差距的功能被暂时关闭，大脑中控制本能反应的杏仁体接管了相应的工作。于是我们处于战斗模式中，不由自主地为维护自己主张的观点而争辩。"[3]争辩感觉上强于承认失败。"当你赢得一场争辩后，"格拉泽解释道，"大脑中充斥着肾上腺素和多巴胺，令你感觉良好，一切尽在掌握，甚至自认为是不可战胜的。因此在下一次处于紧张环境时，你又会故技重演，最终上瘾，认为自己总是对的。"自以为是让你无法怀有谦卑之心来探究真相，难以最终取得改进和成长。我们必须学会如何面对失败，而非采取战斗或逃跑的手段。哈佛大学心理学家塔尔·本-沙哈里写道："惧怕失败常常由不切实际的完美主义想法导致，这是拒绝从失败中汲取经验的主要原因之一，会束缚创造力并引发拖延症。所以要学会失败，学会从中得到成长。"[4]

学会失败

颠覆式成长的旅途是一条让你涉足未知领域的崎岖道路，要意识到自己已经置身于失败的风险之中。在探索未知领域时，犯错是无法避免的。有些失误无关大局，只是减缓了计划的进度或造成些许不便；有些失误可能会是重大过错，它们会让你质疑自己的决策，甚至怀疑自己的能力。当我回顾自己遭遇的各种失

第六章　坦然面对失败

> 在探索未知领域时，犯错是无法避免的。有些失误无关大局，有些失误可能会是重大过错，我们需要找到方法减轻失败带来的负面影响。

败、留意观察他人如何应对挫折时，我发现有些方式能够在很大程度上减轻失败带来的负面影响，进而将其转化为前进的动力。

失败不是会不会的问题，而是时间的问题

几年前，我第一次走进录音棚。那是一幢普普通通的建筑，里面摆放着架子鼓、录音设备和一架硕大的钢琴。在朋友梅西·罗宾逊的歌舞演奏会——《孩童的聆听》，我受邀为她弹奏钢琴。这次录制是为她即将到来的一系列全国巡演做准备，让我兴奋不已。

从走进录音棚的那一刻起，我就提醒自己要保持放松，但是平静并未持续太久。在见到制作人和音响师后，完美主义的念头便开始作祟，并渐渐瓦解我的自信——从上大学后我就再没有认真弹奏过钢琴。为什么不请个专业的钢

琴家？他们会认为我是个差劲的钢琴手。我开始弹奏了，效果确实很糟。越来越多的失误令我疲惫不堪，我从没有过这种感受——预感着自己即将犯错，只是不知道犯错的时间。

午餐时，梅西宽慰我说，失误犹如海浪来袭，我们在航行中都难免遭遇，无须太过在意，重要的是尽早从打击中恢复过来。这些劝慰令我放松不少，也让我随后的演奏表现大为改观，最终的效果让我俩都很满意。

录音棚的经历给我上了重要一课。假如这次失败会对你造成精神上的重挫，那么请做好充分的思想准备，让自己在重击下快速地恢复元气、重整旗鼓。此外，规划的进展要有一定的透明度，让相关人员（如梅西）能得到足够的信息，一旦进展受阻，他们也会理解，并给予力所能及的支持和帮助。

拳头公司（Riot Games）是这方面的一个范例，其创造了大型的在线游戏——《英雄联盟》（League of Legends）。

游戏社区非常注重玩家的体验。即使是钟爱的游戏，如果游戏在后续版本的技术或者创意层面犯错，玩家也会很快失去耐心，转向其他游戏产品。为了缓解游戏中的瑕疵造成的不良影响，拳头公司会用一种幽默诙谐、自带解嘲的口吻与其用户保持直接交流。根据拳头公司资深游戏开发师克里斯·麦克阿瑟的说法:"这样做使游戏更人性化,向玩家展现出更加真实的一面。确实,你的错误有时会令朋友非常生气,但他毕竟还是你的朋友。"

拳头公司从不将自己太当一回事,这种做法得到了粉丝的理解同情和更高的忠诚度。以谦逊的姿态面对冲着错误而来的批评,并用对话的方式来加以解决,这已经构成了拳头公司的一种内在文化。"我们每个员工都不是'好好先生',"麦克阿瑟说,"员工经常会质疑管理层的决策,他们不怕失败,挑战惯例,有时还会争论得面红耳赤。他们认识到失败无伤大雅,也就无所畏惧;相反,他们还将其视为了解不足并加以改进的机会。"

重新定义成功

"我们生活在一个并不宽容的世界里,"美国纳斯卡赛事中的传奇车手戴尔·厄恩哈特曾说过,"在某种意义上,无法达到最好便等同于失败。不论在商业领域还是在体育赛场上,我们经常只看到第一而忽略其他人的价值。即使是亚军,他也是输给冠军的那个人。"美国职业棒球大联盟前执行长盖布·保罗同样认为:

颠覆式成长

"没有人会将鲜花和掌声献给第二名。"根据这些想法，我们绝大多数人都是99.9%中的失败者，只有0.1%的成功人士。

2009年，《纽约时报》刊载了一篇题为《没有什么全明星》（The No-Stats All-Star）的文章，介绍NBA前冠军球队迈阿密热火队的肖恩·巴蒂尔，这个少见的范例中显示出上述观点中存在的错误。在许多NBA内部人员眼中，巴蒂尔是球队中那个可以随时被替换的不起眼的球员，犹如机械装置中的一个齿轮。用谷歌搜索巴蒂尔，你会找到许多他后脑勺的照片，他只是闪光灯聚焦下科比·布莱恩特和凯文·杜兰特这些全明星的背景点缀。

但有趣的是，几乎他所效力的每支球队都会得到一种神奇的力量来赢得比赛。每当他上场，队友的表现似乎就会变得更好，而对手的力量却被削弱了。文章指出："巴蒂尔对球队的贡献在于许多细节，你难以用数据来加以衡量评价，这是一种看不见的优势。队友称他为'乐高战士'，因为只要他在场，每个队员就会像积木一样构成一个整体。"[5]巴蒂尔并不是以领袖者的姿态来带领整支球队，所以尽管他拥有惊人的天赋，也没有人会认可他是全明星球员。假如你不是冠军，不能在赛场上闪闪发光，那么在西方文化的理解中，你只是次优的，这只是对"失败者"的一种有礼貌的称呼。

第六章　坦然面对失败

> 他人的宽慰可以帮助刚经历过失败的人更快渡过难关，得到成长。

承认失败，并与他人一同分担

失败令每个人感到苦恼与沮丧。在我们构想的未来中，实现目标是如此美好，甚至会把自己当成英雄般的人物。但事实并非得偿所愿，一切都和预期的大相径庭，这是让我们难受的主要原因。[6]

许多研究如何从创伤中恢复的心理学家都持这样一种观点：缺乏安抚的悲伤会导致心理疾病。他人的宽慰可以帮助刚经历过失败的人更快渡过难关，得到成长。我们通常会安慰那些在恋爱、婚姻中遭遇挫折的人，却忽略了在职场中遇到的挫折——即便后果不大的挫折，也可能给人带来伤害。作家休·蒙克·基德曾经说："苦难者渴求向仁爱者倾诉。"所以，切勿刻意埋藏失败、封锁内心深处的苦楚，直面失败，让可靠的同伴与你一起分担。

抛开羞耻感

如果你将失败视为大众的判决,那么羞耻感会像石磨般碾碎你对未来的憧憬。布琳·布朗博士是研究羞愧与人性脆弱领域的专家,他在美国国内猛烈抨击这种想法。在体育竞赛、军事战场或商业社会中,"到处充斥着'杀戮或者被杀''掌控或者受制'这样的想法,失败等同于'被杀'。"[7]被视为弱者的人会产生严重的羞耻感。

我在自己的生活中便有过这样的经历。

> 那次我做了一个极其糟糕的演讲——在讲完的那一刻,我大汗淋漓,像刚跑完了三英里一样。我是否会因此被辞退?我是否会从此无法自拔?我面临的业务是否会因此一蹶不振?我本应该更好地把控局面、表现得更好一些,我怎么还能自诩为专业人士?

我们口头上表示无惧失败,但是在内心深处,害怕失败总是让我们感到无地自容。

失败导致的羞耻感应当被彻底抛弃,犹如碎纸屑一样终会随风而散。经历过那次糟糕的演讲后,假如我依然耿耿于怀,可能就再也没用勇气公开演讲、重新择业或者从事新的投资了。

第六章 坦然面对失败

> 如果你将失败视为大众的判决,那么羞耻感会像石磨般碾碎你对未来的憧憬。

失败本身并不会阻碍我们梦想成真、破坏我们的创造力,但是羞耻感却能做到。当摒弃了这种羞耻感,我们便能排除阻力,勇往直前。

从失败中学习

当颠覆式成长之路上遭遇暂时的失败时,如何正确对待至关重要。因为这是你学习的机会。如果希望在这条道路的终点有所斩获,你必须在每次失败中汲取到宝贵的经验。《精益创业》[①]的作者埃里克·莱斯将此称为有效学习。在这个过程中你应该自省:这次失败对我的现在与未来有何启迪?[8]

企业家纳特·奎格利曾设想过提供与Facebook类似的社交软件服务,但是他做了一些改变,创建了FolkStory

[①] 《精益创业》一书已由中信出版社于2012年出版。——编者注

这一款具备分享功能的家庭日志服务。这款服务发布之后反响平平。于是整个团队决定后退一步，根据用户反馈推出了JustFamily——一款基于云计算技术的在线家庭相册。遗憾的是，这款产品同样功亏一篑。在第三轮迭代中，JustFamily变成了Chatbooks，这款服务可以通过使用者发布到社交网络或文字聊天中的照片自动创建相册。奎格利说："我们盲目推出了第一款服务，理所当然地失败了。于是我们鞠躬自省、重整旗鼓，但第二次同样遭遇了滑铁卢。我们不得不再次重起炉灶，这次我们100%专注于和目标用户讨论，以便真正了解他们最需要什么样的产品。我们制作出产品模型，向他们展示，并根据反馈不断迭代改进，直到做出最好的产品原型。这很符合精益创业中倡导的'我们不要什么'。在第三次尝试中，我们严格根据精益思想执行，认真细致地剔除了各项不必要的功能。"

就我个人而言，在那次糟糕的演讲中，我发现自己不适合站在讲台后面演讲，自由地在台上走动、让我与听众交流互动，反而可以让我发挥得更为自由。在那次失败的演讲中，我的收获是什么？认真细致地做好事前准备，以及了解现场环境和规则相当重要。埃里克·莱斯说："学习是初创企业成长过程中不可或缺的

第六章　坦然面对失败

> 总结并获取经验是追求梦想和颠覆式成长过程中的重要步骤，切勿只是将失败视为一种否定个人原认知的信号，而应自我反省。

元素。"[9]我进一步认为，总结并获取经验是追求梦想和颠覆式成长过程中的重要步骤，切勿只是将失败视为一种否定个人原认知的信号，而应自我反省：从中我是否明白了以前认识上的不足？我如何利用这些新的知识来为自我颠覆服务？

适时退出

有时，从失败中得出的结论就是你站在了错误的成长曲线上。著名的橄榄球教练文斯·隆巴迪说："成大事者永不言弃。"而营销大师赛斯·高汀却反驳道："真正的赢家总在放弃，他们总能在正确的时间放弃不正确的事情。"

不列颠哥伦比亚大学的心理学副教授格雷戈里·米勒和康考迪亚大学心理学副教授卡斯滕·霍什对退出机制（或者说放弃个人目标）进行了研究。[10]他们发现，那些即使对不适合自己的目标也不言放弃的研究对象，他们体内抵御炎症的C-反应蛋白平均水平偏高。这种蛋白质会引发健康问题，例如心脏病、糖尿病以及成年人的早衰。明尼苏达大学卡尔森管理学院营销学教授凯瑟琳·D.福斯更进一步发现："假如你至死不渝地追求一个目标，最终结果很可能是不尽如人意，而且在生活的其他方面你也不会非常成功。"在这种情况下果断放弃，然后改弦易辙或许是更加明智的选择。梦想确实重要，但更重要的是知道在什么时候应该放下（切勿吊死在一棵树上），然后追逐新的梦想。

"五问法"帮你找到失败的根源

如果你想更多次地尝试，却又不知道该如何适时而止，那么丰田汽车所提出的"五问法"或许值得你借鉴。[11]这个方法可以帮助你分析特定问题的因果关系，旨在找到最初造成失败的原因。其中，"五"源于经验——解决一个问题通常需要经过五次迭代。这个方法通常用于在产品出现故障后找到问题的根源，不过也同样适合在探索或者冒险失利时，帮助你找到失败的根本原因。

我们来看一个案例。一位名叫拉梅什的评论者在我发表于《哈佛商业评论》中的一篇短文中分享了他的经历。

第六章 坦然面对失败

> "五问法"适合在探索或者冒险失利时，帮助你找到失败的根本原因。

在IT行业从业20年之后，拉梅什感到无聊和彷徨，不知道下一步该去做些什么，但是他似乎也无法鼓起勇气去涉足未知领域。为什么呢？缺乏财务安全感是他最初的答案。但是这个理由似乎并不成立，他自己也清楚即使没有任何收入，他目前的资产也足以支撑10年的生活。但他仍然没有冒险去换一份工作。真正的问题不是"我能否胜任这个陌生的工作"，而是"为什么我止步不前、原地踏步呢"。

要想得到正确的答案，你必须先提出正确的问题，然后才能抽丝剥茧，直到挖掘出问题的根源。如果你用"五问法"来分析拉梅什的处境，提问过程可能是这样的：

"我有足够的生活保障，却没有辞职。"
问题1："我不知道接下来该做什么。"
问题2："我不知道喜欢做什么。"

问题3："难道我不是一直都在工作吗？"
问题4："我熟悉目前的工作。"
问题5："现在的工作性质决定了我的身份。"

我们理出了些许头绪。

抛弃原本习以为常的身份，改头换面可能是人们所畏惧的。但只要有过一次从S型曲线顶端华丽转身的经历，下一次便不再困难。

假如你仍感到忐忑不安，那么回顾一下那些成功人士，他们大多经历过异常艰难的处境。

  史蒂夫·乔布斯，这位苹果公司的创始人，偶像级的大人物，他发布的每一款产品往往都会带来市场狂热的反响，但是他也有过绝望的时刻。1985年，当苹果董事会将他扫地出门时，他一个人蜷缩在那所空空荡荡的房子里的睡椅上，心灰意冷。

  J.K.罗琳，这位《哈利·波特》系列图书的作者今天已经成为百万富翁。但是在大学毕业后的几年中，她便遭遇婚姻失败，没有工作，还带着嗷嗷待哺的孩子；更糟的是，罗琳被诊断出患有临床抑郁症并伴有自杀倾向。她后来在

第六章 坦然面对失败

写作中提到:"这些在谷底的悲惨遭遇构成了我重建生活的坚固基础。"

戴夫·麦克卢尔,这位硅谷500 Startups孵化器创始人同样经历过多次惨痛的失败。他高中时连跳两级,被大家寄予厚望,但是之后却一直表现平平。他先是从事程序员的工作,后来又成为一位企业家,但他经营的企业摇摇欲坠,险些破产。他申请斯坦福商学院也没有成功。在贝宝工作期间,几任老板都对他束手无策。后来他开始投资,成功选出Mint.com和SlideShare这两家"明日之星"。他意识到,慧眼识珠、沙里淘金才是他的专长,并借此创建了500 Startups孵化器,成为硅谷最受钦佩的风险资本家。今天他已经成为全球最著名的天使投资人。

如何看待经历的一次成功或失败,很大程度上是由自我感受决定的。

2014年年末,我在俄勒冈州的波特兰举办了一场演讲,有2 500位听众出席,其中一个议题概述了荣格心理学①，即呼吁听众重视女性身份，平衡男权社会中的权力与成就。

在最开始的30秒开场白之后，我脑中突然一片空白。我站在那里呆若木鸡，压根不知道自己在说些什么。慌乱一阵后，我稍作镇静地说："非常抱歉，我忘记该说什么了，请大家稍等。"意想不到的是，观众席中的一位女士喊道："惠特尼，我们爱你。你能行。"她的友善和鼓励唤起了我的记忆，让我觉得自己融入了观众之中。演讲是一场对话，而不是我的个人独白。在互动中，大家有欢笑，有感动，也有流泪——这是一场充满活力的演讲。

那天晚些时候，我的经纪人问我演讲效果如何。如果参考传统的指标（譬如演讲内容和脚本的契合度），那绝对是一次糟糕的演讲，因为我完全忘记了讲稿内容，但如果考虑与观众的交流互动，那么这无疑是最棒的一次。

我在那个时刻必须做出选择。有些情况下，再华丽的辞藻、生动的表现也比不上与听众的互动。不是这样吗？于是我犹豫片刻，对经纪人说："这是我在波特兰所做的最棒的演讲。"

---

① 荣格心理学，又称分析心理学，是由荣格带头发展出的心理学分支，其核心理论是集体潜意识。——译者注

第六章　坦然面对失败

经常听到有人说，错误就是错误，不因主观想法的改变而改变。对此我表示同意。因为有时我们不允许失败，但同时，失败又是不可避免甚至是必要的。诗人约翰·弥尔顿说："心灵自有所归属，天堂或地狱只在一念之间。"我认为这句话也适用于看待成功与失败——两者相辅相成，互为因果。颠覆式成长往往与艰难困苦相伴，前进路上的失败与你如影随形。如果相信失败乃成功之母，那么你会更容易找到属于自己的成功之路。

| 第七章 |

探索精神，驱动未来

尚未被定义的市场，可能就是颠覆者涉足的领域。但是这个过程不仅需要明确的方向和目标，还需要探索驱动式方法，在孤独和恐惧中勇往直前，披荆斩棘，用强大的意志和决心攀登属于颠覆者的S型曲线。

> 要确认某件事是否有障碍，唯一的途径是跨越障碍，将不可能变为可能。
>
> ——阿瑟·C.克拉克　美国科幻作家、科普作家

颠覆者有别于他人的一个标志是：他们选择的是从未有人涉足过的领域。不论作为低端市场的挑战者，还是新兴市场的开创者，他们都能发现自己面临着一个尚未被定义的市场。作为开拓者而言，肯定有其目标或方向，但通往目标的道路却是前途叵测、枝节横生的。在这种情况下不走弯路是不现实的，同时，灵活性在此时非常重要。因此，成功的颠覆者能在不断探索的过程中一路向前。

按图索骥的传统计划

想象自己是一位探险家，参与了刘易斯和克拉克组建的探险队，打算穿越美国西部，直抵太平洋。探险队的线路从周围熟悉的街区逐渐变成了人迹罕至的荒凉河道。

1804年5月,刘易斯和克拉克的货运船只——一种大型、平底的内河货船——装载了足够的补给品(至少当时的探险队是这么认为的),驶离圣路易斯地区,开启了旅途。他们中没有人意识到,每一项发现都会改变旅途的方向,改变原本的计划。当密苏里河逐渐消失的时候,刘易斯和克拉克不得不放弃船只;当供给出现不足时,他们狩猎并和当地的印第安人交易;在迷路时,他们自己找到了向导和翻译。每一次遭遇到的障碍都成为他们采取下一步行动的航标。

根据丽塔·冈瑟·麦格拉思和伊恩·麦克米伦的研究,探索驱动式计划(discovery-driven planning)与传统的业务计划不同。[1]传统计划的前提是你可以根据以往的经验推断未来,这种预测是比较准确的,因为其建立在已知的认知体系上。在这种类型的计划中,冒险偏离原计划属于鲁莽之举。

大多数人都倾向于接受传统计划,因为它有明确的检查清单和工作列表,甚至可能包含详细的市场分析和路线图规划——让你一步一个脚印地实现目标。只要读过高中或者大学,你对这种计划一定不会陌生:认真上课,完成作业,准备考试,从而取得优异成绩,升入更高级别的学府——按部就班,从容不乱。

第七章 探索精神，驱动未来

> 这种按图索骥的方式稳妥且踏实，但很难让我们生活得更加愉悦，也不能帮助公司发现成功之道。

　　这种计划甚至可以延伸至你从事的职业。从高中甚至初中开始，你的检查清单上可能就已经列出要成为医生所要完成的工作，例如，在高中取得优异的成绩、在大学主修生命科学、去医学院完成实习、得到医师从业资格，然后你就是名副其实的医生了。只要依次完成每项工作，你就实现了目标。在传统计划中，如果你最终没有成为一名医生，一定是某个环节出现了问题。[2]

　　虽然这种按图索骥的方式稳妥且踏实，但很难让我们生活得更加愉悦，也不能帮助公司发现成功之道。《纽约时报》专栏作家戴维·布鲁克斯说："我们大多数人都不是先形成自我规划，然后才以此主导自己一生的。随机做出的选择构成了我们未来发展的轨迹。"[3]假如可以在所擅长的领域大展宏图，你将不仅能得到经济上的丰厚报酬，也能享受到职业带来的乐趣。但要找到适合的领域谈何容易，需要你不断地探索发现。

开启探索驱动式计划的步骤

在探索驱动式计划中，最初尝试踏入陌生领域时，你所知甚少，许多信息还有待验证。但与传统计划一样，你也需要进行相应的规划，只是类型稍有不同。你不是要确定"我最终期望怎样的结果"，而是认定"计划中有哪些是切实可行的"。根据麦格拉思和麦克米伦的观点，这类计划包含下列4个步骤。

使用逆向利润评估表

假如你决定发布一款全新的产品，那么使用逆向利润评估表最为适合。逆向利润评估表不是先预测营业收入和成本，然后计算利润，而是根据目标利润反向推算出所要达到的营业额，以及实现营业额所要求的产品成本。延伸至个人的颠覆式成长过程，你需要了然于胸的是：为了实现我的目标，我需要完成什么、放弃什么？

计算成本

在这一重要环节中，你要预先估算在产品或服务的生产、销

第七章 探索精神，驱动未来

> 颠覆式成长需要你需要了然于胸的是：为了实现我的目标，我需要完成什么、放弃什么？

售、交付的整套流程中，可能产生的各种成本。其相加后的总和，便是支持这种业务模式的成本范围。对个体而言，这个问题可以转化为：你需要耗费多少时间、掌握哪些专业技能、投入多少资金和购买多少固定设备来执行计划？在这条曲线上所需支付的成本你是否能承担得起？你是否心甘情愿为之付出？

拟定假设清单

这是一份假设在你探索驱动式计划过程中各项工作进展状况的清单。例如，产品的销量和售价是多少？为了得到一个订单需要销售拜访多少次？你需要雇用多少销售人员才能达到所要求的拜访次数？

作为个体，如果你上一年赚到了10万美元咨询费，由此决定以后在咨询工作中同样要有10万美元的收益，这就是传统计划。如果你从未涉足过咨询行业，那么你想要赚到10万美元，你首先要假设需要多少客户？每天能提供几小时咨询服务？每小时收费多少？这样的工作是你喜欢的吗？它能够给你带来情感上的满足吗？

罗列出关键事件

这张罗列清单会列出可能遇到的各项关键事件，并细化出如何以此检验自己的发展轨迹并吸取教训。在探索驱动式计划中，总结经验是发展过程中的必要环节，它不同于传统计划——在遇到偏差时只需加以纠正。当然，你也应该在这些关键节点上重新审视、调整和聚焦，如此这般，之后的道路才能更加顺畅高效。

探索发现是成功的内驱力

在职业生涯早期，我力挺探索驱动式的择业方式。回到医生的例子中，如果采用探索驱动式的方式，首先要了解：达到怎样的学分成绩能进医学院？在大学时期是否可以取得这样的成绩？要让计划成为现实，你或许要在医学预科课程中取得高分，例如动物学、生物学和化学。然后，在医学院的前两年内继续保持好成绩，并决定是否仍致力于该领域。验证你对医生工作中的各种

第七章 探索精神，驱动未来

> 在探索驱动式过程中，我们不断地尝试寻找新的目标，总结整理过程和结果，在收集反馈和调整适应中不断前进。

设想，充分利用医学院后两年时间参与各项实践。最后经过医学院三年的研修，你可以获取足够的知识申请医师资质，最终成为一名医生。

使用探索驱动式方法，在以上所述的诸多节点上，你或许会由于功能或情感层面的因素改变自己原本在医学道路上的发展轨迹。你可能感觉对科学研究更有兴趣，想要认识自然万物的本质，希望从事科学研究；你也可能发现了一种治疗痼疾的方法，或是发明创造出一种先进的医疗仪器，并成为医疗领域的企业家；你还可能热衷于系统规划，致力于改善医疗机构的效率，这可以让你成为医院的院长或医疗系统集成商的首席执行官；或者你发现自己有晕血症，但又想治病救人，那就当一名心理医生……在探索驱动式过程中，我们不断地尝试寻找新的目标，总结整理过程和结果，在收集反馈和调整适应中不断前进。

在现实生活中，当我们跨入全新的增长曲线时，各种未知的资讯和难以预测的困难便会迎面而来。

琳达·德斯卡诺是花旗集团消费者业务的董事主席兼全球社交媒体总裁。当然，她今天所取得的成绩绝非一蹴而就。

从德克萨斯A&M大学地质与地球物理专业毕业后，她在一家环境顾问公司开启了职业生涯，在那里她负责诉讼支持与专业证人服务。此后她加入了花旗银行的法务部门，负责环境风险分析。此后，德斯卡诺转而负责资产管理，在那里她管理一项社会责任投资计划，并最终进入花旗集团全球消费者业务，将花旗集团的金融生活方式推向市场。

今天，她领导着花旗集团社交媒体与消费者业务，但所有这些都不在她最初的规划中。德斯卡诺在大学研究岩石地质，但是她才华出众，具有很强的适应能力，每一位上司都能为她找到更广阔的平台，将她送入新的成长曲线。

商业情报分析师汤姆·麦奎尔目前供职于一家著名的零售企业。他同样以探索驱动式的规划，通过不断尝试，最终找到自己心仪的职位。

麦奎尔在马凯特大学会计专业毕业，并在明尼苏达大

第七章　探索精神，驱动未来

学获得了工商管理硕士学位。他的专长是在财务领域，在过去20年间效力于同一家公司，在此期间他不断尝试找到自己最适合的定位。最初麦奎尔专注在预算和销售预测上，从中他了解到商机是如何诞生的，但是工作了一段时期后，他已经是这方面的专家，于是心生倦意。他开始对其他业务产生了兴趣，并且利用已有的知识技能探索新的领域。在准备转岗之前，麦奎尔先以志愿者的身份参与新的工作。他最初在管理层的工作是内部审计和会计，因为他喜欢在内部审计中解决问题。之后会计工作也变得乏味了，于是他开始调整内部流程，尝试各种改革，但他发现这并不适合自己，于是便开始寻求新的角色。

一次，麦奎尔进入一个项目团队，在这里一干就是12年。在此期间，他组建起了一支商业智能团队。随着团队在数据分析和报告方面的能力逐渐得到认可，他们成为组织内一支重要的生力军。

麦奎尔有着明确的职业发展方向。他最初攻读会计专业，并如愿成为一名会计师，之后的所有职位都建立在他的专业知识基础之上。同时，他还愿意踏出一步，尝试进入新的领域，这让他得到了在初出茅庐时难以企及的职位。

颠覆式成长

2014年，全球最大的猎头公司光辉国际曾经分析过高级管理人才是如何脱颖而出的。研究显示，个人能力是脱颖而出的前提条件，但是他们的成就更多取决于永无止境的好奇心和探索发现的意愿。[4]他们具备敏捷的学习能力，能够调整各项指标来评估自己的进度。琳达·德斯卡诺没有成为地质学家，汤姆·麦奎尔也没有成为注册会计师。用传统计划的方式看，他们都没有成功，但是以个人设定的指标来衡量，他们无疑都是成功者。

颠覆式成长的开始是无法预测到结局的

在开启颠覆式之旅时，你很难预测最终会达到的高度，这种情形十分常见。一项调查表明，各项新兴业务在最终取得成功时，70%都和最初的设定相去甚远。[5]

以千禧制药（Millennium Pharmaceuticals）为例，它尝试过生物制药和分子医学。最初，千禧制药是一家针对某些遗传疾病提供诊疗方式的小型生物技术公司。后来公司又加入了基因组学，开始研发药物，并进行临床药物评估服务。在上市10年后，武田公司将其作为一家肿瘤治疗公司予以收购。

第七章　探索精神，驱动未来

> 个人能力是脱颖而出的前提条件，但是他们的成就更多取决于永无止境的好奇心和探索发现的意愿。

没有人预见到千禧制药这些年会经历这样的发展。同样，高朋团购（Groupon）在最初只是一个让人们为了某项事业筹措资金的平台，却最终对传统实体零售构成了巨大威胁；获得艾美奖的网飞公司刚开始只是一家提供上门DVD（数字激光视盘）租赁服务的企业。

当我在2005年计划离开华尔街时，打算出版一本儿童读物，同时制作一档有关拉丁美洲足球电视真人秀节目。这两者虽都没能如愿，但这些方面的经验丰富了我的阅历，为以后的进阶做好了准备，从而使我有能力探索更多的业务领域，其中包括投资一家杂志。这家杂志在刚开始时非常顺利，发行量达到10万份。由于初创企业通常都要面临后续投资，该项目最终未能成功。但是这段经历让我与克莱顿·克里斯坦森结识，并共同成立了罗斯帕克顾问公司。

在步入新的增长曲线时，你根本难以预料接下来会发生什么。

阿利萨·约翰逊，这位白宫前代理首席信息官在获得数学学士学位后得到了一个机会，即在信息系统管理专业继续深造，费用由她服务的美国国家安全局（NSA）全额支付。当时的情况有点不尽如人意——没多久她便生了第二个宝宝，而老大年仅19个月。家人和医生都认为这样的选择不合时宜，但约翰逊坚信这是她应该走的路，并没有让这些不同意见限制自己的脚步。

约翰逊勇往直前，她回忆说，当听说一位高中同学得到博士学位后，她在一个月内便申请了自己的学位。在职业生涯中，她服务过情报机构甚至国防部，在那里她有着体面的工作和丰厚的薪酬。

当奥巴马在2008年成功当选美国总统后，约翰逊在线申请进入他的幕僚团队，并最终成为白宫的代理首席信息官。虽然这份工作会使她的薪酬大打折扣，并需额外付出更多，但约翰逊毫不犹豫，欣然履职。她说："我决定要成为这个组织的栋梁之材。我相信，假如能有所成就，一定会得到回报。有时你确实需要额外付出，甚至忍痛割爱来换取未来的辉煌。"今天，约翰逊博士是美国史赛克公司（Stryker）的首席信息安全官。

第七章　探索精神，驱动未来

战胜孤独与恐惧的探索之旅

有一件事被不少有关颠覆的书籍忽视了，这便是在探索驱动式学习过程中面对的孤独，有时甚至是恐惧。不论是企业还是个人，他们在颠覆式成长的实践中，会发现身边很少有志同道合者。

在离开华尔街最初的兴奋消退后，我偶然会感到自己不再具备原来的身份，再也不能在电话中自我介绍："我是美林集团的惠特尼·约翰逊。"现在，我只代表我自己，无法借助公司品牌的影响力。在短短数天之后，我的担忧已远大于兴奋。虽然最终结果不错，但在激情褪去的时刻，我的情绪还是跌落到了谷底。

由于在开始之际难以预测到结局，苏珊·凯恩在最初的几年中处于缺乏安全感的焦虑之中，直至她把全部的思考孕育成了《内向性格的竞争力》[1]——这本2012年的年度畅销书。

凯恩想要撰写现代西方文化中存在的误区，即忽视了内向性格的人具备的才能和特质，从而令这群"安静"的人丧失自信，最终默默无闻、毫无建树。在撰写《内向性

---

[1] 《内向性格的竞争力》（2版）已由中信出版社于2016年出版。——编者注

格的竞争力》之前,凯恩在线教授妇女谈判技巧。她的朋友和同事都质疑她撰写的主题,因为这毕竟不是她的专业,而出版商则认为这类图书缺乏商业市场。

但是凯恩坚信这一主题的价值。她的父亲是一位个性内向的医生,而这种性格使得他成为一名优秀的医生。每天下班她父亲都会准时回家,吃完饭后便开始钻研医学期刊。这和她的祖父很像,她的祖父是一位犹太教教士,总是生活在不断的阅读和思考之中,这让他的布道中蕴含着丰富的思想。

凯恩最初有写作《内向性格的竞争力》的想法是在2005年。她花了一年的时间写了一份计划,然后她找到理查德·派因——一位认定她的想法有市场的出版商。此后她又会见了12位出版商,其中有9人投了赞成票。她说:"这是在我事业中最激动人心的事情。"

此后是漫长而艰难的创作过程,她坚信自己能成为一位出色的作家,但她从没出过一本书。她说:"2007年,我完成了一部不成熟的初稿。编辑浏览之后说,'彻底放弃它,重新构思。按照自己的进度,你有足够的时间。'我松了口气,并心怀感激。"

4年后,她的处女作定稿,这本书在2012年出版面世。

第七章　探索精神，驱动未来

> 颠覆式成长的过程就如同你创立了只有一个人的公司，你应该很清楚为什么要有这样一家公司、期望从中得到哪些回报，以及该如何做。

凯恩成为《纽约时报》推荐的畅销书作者，也为半数性格内向、安静的人们发出了心声。今天，她是全球安静主义组织的首席执行官，她坚持孤独，追求颠覆。

孤独或恐惧是应该放弃颠覆式成长的暗示吗？恰好相反，这意味着你已经步入了正确的轨迹。事实上，在应该自我颠覆时按兵不动，你会在安逸中日渐退化，有人称其为"创新者的窘境"。所以，不论变革到来与否，你时刻都有被淘汰的风险。

颠覆式成长的过程就如同你创立了只有一个人的公司，你应该很清楚为什么要有这样一家公司、期望从中得到哪些回报，以及该如何做。你或许会想"我还没有弄清楚原因呢"，那么请在驱动式计划中去找寻并发现这些梦想的踪迹与线索。几乎所有的梦想都可能成为颠覆式成长的缘由，比如主管业务、追求财富、做自己喜欢的事，甚至兼而有之。

丽萨·麦克劳德对梦想的力量深有体会。她针对一家生物技术企业的销售实力进行了一项长达6个月的双盲实验[①]，希望以此确定哪些措施能实现卓越的销售业绩。研究结果令人感到意外：销售大师比平庸者有着更强烈的使命感。在亚利桑那州的凤凰城机场中的一次对话可以诠释这一结果。那时她正参与有关公司销售流程的研究，于是和一位同行的销售代表随意谈起："你每次拨打销售电话的时候都会想些什么？"

这位销售代表分享了她在一次拜访客户时，和一位特殊的病人之间发生的故事。销售代表叙述道："那天我穿着别的公司名牌的衣服，站在走廊上和一位医生交谈……这时一位老太太走过来拍拍我的肩膀，说：'对不起小姐，你是来自××药物公司吗？''是的，女士。''我只是想要谢谢你们。在服用你们公司的药物之前，我都没有力气走出房门，但现在我已经可以看我的孙子了，甚至还可以趴在地板上陪他们玩儿。我可以走出去旅行。所以谢谢你们，让我重新能够开始生活。'"

[①] 双盲实验（double-blind study）指实验者和被实验者都不知道详情。比如实验一种新药，喂药的医生不知道此药的原理、成分或功效等，患者也不知道，然后给患者服用。只有组织实验者知道应记录哪些数据、观察哪些表现。——译者注

第七章　探索精神，驱动未来

这位销售代表继续说："我时常会想到那位老太太。当周五下午过了4点半，其他销售员纷纷回家时我仍在工作。我会额外地做一些电话销售，因为我知道自己不仅仅在销售产品，更是在拯救生命，帮助更多这样的老人是我的目标。"[6]

当你认定自己的目的地时，有许多条道路都可以通往那里，这就犹如发送一份电子邮件。当你轻轻点击发送按钮后，电子邮件会被分装成一个个文件包。这些文件包可能会以相同的路径送至收件人那里，也可能走完全不相同的路径。最终，收件人会接收到电子邮件，而这一过程中文件包的传送路径则显得无关紧要。

埃隆·马斯克并不会在意所走的路是否与众不同，他只在乎要去的目的地。环境保护技术是他的驱动力量——在过去几十年间，他的这一理念体现在许多方面，从太阳能到电动汽车，再到太空旅行。

他的上一代人中，凯·科普洛维茨深深着迷于科幻作家与未来学家亚瑟·查理斯·克拉克对地球同步轨道卫星的研究。20世纪60年代末，还是学生的科普洛维茨在威斯康星大学的硕士论文中提到，卫星项目将对政府、文化，乃至全球的人权产生重大影响。

到了70年代中期，她得到梦寐以求的机会，为哥伦比亚创立有线电视业务。在电视网络行业中，她成为第一位女性总经理，并在之后成立了美国有线和其中的科幻频道。在1996年，她独自创立的帝国以45亿美元的价格被出售。

值得一提的是，在美国有线出售的45亿美元中，她没有拿到1分钱。科普洛维茨脑海中已经开始孕育新的事业。

2000年，她与人联合创办了思林博德企业（Springboard Enterprises），这是一家非营利孵化器，以帮助女性创业者获得资本。虽然有线电视的业务已然走在了变革浪潮的最前端，但科普洛维茨更注意到，在所有的风险投资中，仅有2%的资本投资在女性创业者名下，于是创办思林博德企业让她真正进入了新领域。15年后，孵化器关注了超过500家公司，其中83%的企业得到了投资。因为致力于推动平权运动，科普洛维茨现在又推出思林博德基金，完全投资女性主导的业务。

当发现自己为什么要这样做的时候，我们就不会再对未知充满恐惧，只需保持不断探索的耐心和不言放弃的决心。

第七章 探索精神，驱动未来

> 颠覆式成长的同时，也是开启探索未知领域的过程。孤独和恐惧虽然时常与你相伴，但你完全可能到达一个不敢奢望的人生高度。

颠覆式成长的同时，也是开启探索未知领域的过程。和刘易斯与克拉克一样，你会有计划地进行发现和征服。诚然，孤独和恐惧会时常与你相伴，但你完全可能到达一个不敢奢望的人生高度。摒弃庸庸碌碌，要用强大的意志和决心助你在 S 型曲线的攀登中持续探索，披荆斩棘。

后　记

开启你的颠覆式成长之旅

我对冲浪的热爱战胜了对鲨鱼的恐惧。

——贝瑟尼·汉密尔顿　美国冲浪界的"独臂女孩"

拉尔夫·沃尔多·爱默生说："对于墨守成规的事物，我们毫无兴趣，唯有那些与生命同行、为达目标奋斗不止的努力，才会使我们亢奋激动。"当进入S型曲线时，你会如同栽入深渊一样如履薄冰，"舒服"不会是你想到的第一个词。

在音乐中，转音（transition）是指一首歌曲中过渡的那部分，用来引出下一个音。在物理学里，转变（transformation）描述了物质性质的变化，例如冰变成水、水变成蒸汽。在写作时，转化是指承上启下的句子或段落。"trans-"从词根上就有"横穿、进入"的意思。不论我们是转入到新的环境还是转变了身份，都是重塑自我的过程，而S型曲线模型引导着我们经历转化的整个过程。

颠覆自我的次数越多，你越会精于此道。就像冲浪，最初时举步维艰、困难重重，但是在反复、刻苦地训练后，它就成为一种令人兴奋着迷的运动体验。

在这一点上，著名数学家本华·曼德博的研究颇有影响。[1] 数十年来，随机漫步（random walk）理论是股票价格预测模型中的主流，即假定股票价格上升或下降的概率是相等的。现代投资组合理论很大程度是建立在这种假设之上，认为股票价格的波动是独立的现象。曼德博不认同这一观点，他认为金融商品价格是有"记忆力"的。我个人就在选择股票时有过这样的体会。假如一只股票价格变动剧烈，那么在其后的交易日里价格波动也会很大。一家企业采取的合并、剥离、产品发布策略，塑造了企业在未来十年的形象。同理，今天股票价格的变动会影响明天的走势。这看似显而易见，但只有曼德博将其升华为投资理论。

每个人的成长和学习过程都不是线性的，而是呈现出指数级的变化——受累积效应和复合效应的影响。先前颠覆的经历将会

后记　开启你的颠覆式成长之旅

使日后变革成功的概率大大增加，如同大海中汹涌的浪潮，一浪高过一浪。

蜗居在已往熟悉的环境里，深感安全，高枕无忧，但是正如非营利组织商业创新工厂（Business Innovation Factory）的创始人索尔·卡普兰所说："我生活的目标是寻找到下一轮陡峭的增长曲线，这是我的强项。只要持之以恒、坚定不移，金钱和地位都会纷至沓来。"

就像杂技演员表演高空飞人，在空中从一根横杆纵身飞跃到另一根。腾空的一刻会让我们感受到瞬间的惧怕，但只要紧紧抓住下一段曲线，我们就不会有跌落的风险。在看似惊险的转变时刻，将梦想化为你颠覆式成长之旅的引擎。

你，准备好了吗？

致　谢

首先，我要感谢《纽约时报》的约迪·坎托，他告诉我，一本书中的致谢部分是非常重要的。

感谢克莱顿·克里斯坦森，近十年来有幸与您共事，并激发了我创作这本书的灵感。

吉尔·弗里德兰德、埃丽卡·海尔曼、舍文·贝茨勒、艾丽西亚·西蒙斯、休·拉曼以及Bibliomotion出版社的整个团队，感谢你们的专业工作：你们是出版工作者的典范。同时感谢我的经纪人乔希·盖茨勒，每次都能在关键时刻维护我的权益。

我有必要特别感谢我的资深主编，来自A+B工作室的埃米·詹姆森。你是不可或缺的编辑和不可取代的挚友。同样，我要感谢《哈佛商业评论》的编辑萨拉·格林，你专业的工作风格令我获益颇多，也感谢戴维·万和埃里克·黑尔韦格你们能充分信任写作上初出茅庐的我。

对胡安·卡洛斯−门德斯，我衷心感激能有机会与你合作，谢谢你帮助我将S型曲线的理论用于颠覆式成长，在许多方面你都远胜于我。感谢斯特凡妮·普拉蒙登·贝尔在神经科学领域分享的专业知识——我仍然怀念我们在池塘边散步的时光。

感谢我的演说教练米夏埃拉·墨菲，你帮助我学会如何发出自己的声音。同样感谢劳雷尔·克里斯坦森和克丽斯琳·伍尔斯顿在《女性时刻》（*Time Out for Women*）中的启迪，你们让我的认识更为深入。同样非常感谢我的演说经纪人埃米·格雷，你每天都会提醒我所要演讲的主题。

谢谢布兰登·詹姆森，你的插图为本书增色不少。你总是能让我的想法变得栩栩如生，超出预期。还有梅西·罗比森，谢谢你不断想方设法展示我的观点，从建立我的网站开始，你便一直是我最可靠的朋友。同样感谢贝姬·鲁滨逊如此积极地宣传本书——能和你共事真是件令人高兴的事情。感谢梅雷迪思·法恩曼，你总能从我的角度出发并给出建议。

感谢卡尔·米查姆、希瑟·亨特、布赖恩·哈克和康妮·布莱恩，各位新老朋友对初稿的审阅令本书更具可读性。

对每一位愿意支持本书的人，我都满怀感激，也同样感谢每

致　谢

一位《敢想，敢梦，敢为》的读者，你们令这本书成为现实。

　　最后，感谢我的丈夫罗杰，我的孩子戴维和米兰达，我的诸位挚友（毋庸累述名称，你们自己一定知道），感谢上帝。谢谢你们对我永远的支持和鼓励。

注 释

前言

1. C. M. Christensen, R. Alton, C. Rising, and A. Waldeck, "The Big Idea: The New M&A Playbook." from *Harvard Business Review*, March 2011, accessed March 5, 2015, https://hbr.org/2011/03/the-big-idea-the-new-ma-playbook/ar/1.
2. W. Johnson, J.C. Mendez, "Throw Your Life a Curve," *Harvard Business Review,* September 3, 2012, accessed March 5, 2015, https://hbr.org/2012/09/throw-your-life-a-curve/.

第一章

1. A. Pascual-Leone, A. Amedi, F. Fregni, and L. B. Merabet, "The Plastic Human Brain Cortex," *Annual Review of Neuroscience* Volume 28 (2005): 377–401.

2. Duhigg, C., *The Power of Habit* (New York: Random House, 2012). Page 17.
3. A. W. Ulwick, "Turn Customer Input into Innovation." *Harvard Business Review*, March 4, 2002.
4. J. Rangaswami, "Thinking More About Twitter, Chatter and Knowledge Worker Pheromones." *Confused of Calcutta* blog, April 24, 2011, accessed October 30, 2014, http://confusedofcalcutta.com/2011/04/24/thinking-more-about-twitter-chatter-and-knowledge-worker-pheromones/.
5. Mark Burnett, Clay Newbill, and Phil Gurin, executive producers, *Shark Tank*, Season 6, Episode 2, aired on ABC September 26, 2014, accessed October 30, 2014, http://abc.go.com/shows/shark-tank/episode-guide/season-06/602-season-6-premiere-roominate-wedding-wagon-floating-mug-and-kronos-golf.
6. W. Johnson, "Thank You For Doing Your Job." *Harvard Business Review*, January 11, 2011, accessed October 30, 2014, http://blogs.hbr.org/2011/01/thank-you-for-doing-your-job/.
7. P. F. Rollins, *42 Rules for Your New Leadership Role* (Super Star Press, 2011). Page 8.
8. W. Johnson, "Thank You For Doing Your Job." *Harvard Business Review*, January 11, 2011, accessed October 30, 2014, http://blogs.hbr.org/2011/01/thank-you-for-doing-your-job/.
9. M. Hsu, M. Bhatt, R. Adolphs, D. Tranel, and C. F. Camerer, "Neural Systems Responding to Degrees of Uncertainty in Human Decision-Making," *Science* Volume 310, Issue 5754 (2005). Pages 1680-1683.
10. W. Johnson, "It's Time to Dream For a Living," *Linke-*

din, accessed April 23, 2015, https://www.linkedin.com/pulse/20130822122525-3414257-it-s-time-to-dream-for-a-living.
11. L. G. Dugatkin, "The Evolution of Risk Taking," Dana Foundation, January 1, 2013, accessed October 30, 2014, http://www.dana.org/cerebrum/default.aspx?id=39485.
12. L. G. Dugatkin, "Female Mating Preference for Bold Males in the Guppy *Poecilia reticulate*," *Proceedings of the National Academy of Science of the United States of America* Volume 93 (1996). Pages 10262-10267.
13. H. G. Halvorson and E. T. Higgins, *Focus* (New York: Hudson Street Press, 2013). Page xi.
14. M. Hsu, M. Bhatt, R. Adolphs, D. Tranel, and C. F. Camerer, "Neural Systems Responding to Degrees of Uncertainty in Human Decision-Making," *Science* Volume 310, Issue 5754 (2005). Pages 1680-1683
15. C. Christensen, *The Innovator's Dilemma* (Cambridge, MA: Harvard Business School Press, 1997). Page 143-146.
16. C. Christensen, R. Alton, C. Rising, and A. Waldeck, "The Big Idea: The New M&A Playbook," *Harvard Business Review*, March 2011, accessed March 5, 2015, https://hbr.org/2011/03/the-big-idea-the-new-ma-playbook/ar/1.
17. S. Kaplan, "How Not to get 'Netflixed,'" *Fortune* magazine, accessed October 11, 2011, http://fortune.com/2011/10/11/how-not-to-get-netflixed/
18. M. Grush, "Blazing the Trail: Competency Based Education at SNHU." *Campus Technology,* December 13, 2013, accessed January 5, 2015, http://campustechnology.com/articles/2013/12/18/competency-based-education-at-snhu.aspx.
19. D. Tuttle, "Cortisol." *Life Extension Magazine*, July

2004, accessed October 30, 2014, http://www.lef.org/magazine/2004/7/report_cortisol/Page-01.
20. Sheldon, K. M., R. M. Ryan, L. J. Rawsthorne, and B. Ilardi, "Trait Self and True Self: Cross-Role Variation in the Big Five Personality Traits with Psychological Authenticity and Subjective Well-Being," *Journal of Personal and Social Psychology* Volume 73, Issue 6 (1997). Pages 1380-1391.
21. M. Iansiti and R. Levien, "Strategy for Small Fish," Harvard Business School, August 23 2004, accessed March 19, 2015, http://hbswk.hbs.edu/item/4331.html.

第二章

1. S. Bienkowski, "1-on-1: Marcus Buckingham.", *Success*, November 29 2009, accessed January 5, 2015, http://www.success.com/article/1-on-1-marcus-buckingham.
2. A. M. Isen, "Missing in Action in the AIM: Positive Affects Facilitation of Cognitive Flexibility, Innovation and Problem Solving," *Psychological Inquiry* Volume 13, Issue 1 (2002) Pages 57-65.
3. W. Johnson, "How to Identify Your Disruptive Skills," *Harvard Business Review*, October 4, 2010, accessed January 5, 2015, https://hbr.org/2010/10/how-to-identify-your-disruptiv.
4. Johnson, "How to Identify Your Disruptive Skills."
5. W. Johnson, "Disrupt Yourself," *Harvard Business Review*, September 1, 2014. Pages 130-134.
6. Catalyst. (2014, December 10). Percentage of Women Partners in Law Firms from 1995-2013. Accessed January 5, 2015, from http://prod.catalyst.org/knowledge/

percentage-women-partners-law-firms-1995-2013-us-select-years.
7. M. Loukides, "The Revolution in Biology Is Here, Now," *O'Reilly Radar* blog, December 9, 2014, accessed March 15, 2015, http://radar.oreilly.com/2014/12/the-revolution-in-biology-is-here-now.html.
8. https://www.linkedin.com/pulse/20140428103509-302586666-career-curveballs-how-project-runway-flopped.
9. Augusten Burroughs, "Two Minute Memoir: How to Ditch a Dream." (2012, May 1). *Psychology Today*, May 1, 2012, accessed January 5, 2015, from http://www.psychologytoday.com/articles/201206/two-minute-memoir-how-ditch-dream.

第三章

1. R. Lambie, "The Production Nightmare That Made Jaws a Classic." Den of Geek, September 5, 2012, accessed January 5, 2015, http://www.denofgeek.com/movies/22547/the-production-nightmares-that-made-jaws-a-classic.
2. D. Coyle, "How to Get Better Feedback," *The Talent Code* blog, January 7, 2013, accessed January 5, 2015, http://thetalentcode.com/2013/01/07/how-to-get-better-feedback/.
3. E. Carson, "Vala Afshar: CMO, Writer, Twitter, Storyteller, Future Restaurant Owner." *TechRepublic* blog, August 8, 2014, accessed January 5, 2015, http://www.techrepublic.com/article/vala-afshar-cmo-writer-twitter-storyteller-future-restaurant-owner/.

4. A. Bryant, "Conquering Your Fears of Giving Feedback." *New York Times,* December 29, 2012, accessed January 5, 2015, http://www.nytimes.com/2012/12/30/business/karen-may-of-google-on-conquering-fears-of-giving-feedback.html?pagewanted=2.
5. Fasal Intuit, January 5, 2015, accessed January 5, 2015, http://fasal.intuit.com/.
6. L. Starecheski, "This Is Your Stressed-Out Brain on Scarcity," National Public Radio *Shots* blog, July 14, 2014, accessed March 7, 2015, http://www.npr.org/blogs/health/2014/07/14/330434597/this-is-your-stressed-out-brain-on-scarcity.
7. World Bank, *World Development Report 2015 Explores "Mind, Society, and Behavior,"* World Bank, December 2, 2014, accessed March 7, 2015, http://www.worldbank.org/en/news/feature/2014/12/02/world-development-report-2015-explores-mind-society-and-behavior.
8. A. Grant and B. Schwartz "Too Much of a Good Thing." *Perspectives on Psychological Science* Volume 6, Issue 1, (2011). Pages 61-76.
9. *Entrepreneur* magazine, "*Entrepreneur* magazine's Hot 500," July 31, 2007, accessed January 5, 2015, http://www.entrepreneur.com/article/181886.
10. K. Chang, "Water Found on Moon, Researchers Say." *New York Times*, November 13, 2009, accessed January 5, 2015, http://www.nytimes.com/2009/11/14/science/14moon.html?_r=1&.
11. S. Oney, "The Defiant Ones." *Wall Street Journal,* November 12, 2010, accessed January 5, 2015, http://www.wsj.com/articles/SB10001424052748703514904570

注　释

5602540345409292.

12. W. S. Hylton, "The Unbreakable Laura Hillenbrand." *New York Times,* December 18, 2014, accessed January 5, 2015, http://www.nytimes.com/2014/12/21/magazine/the-unbreakable-laura-hillenbrand.html?_r=0.

13. A. Morgan and M. Barden, *A Beautiful Constraint* (Hoboken, NJ: John Wiley & Sons, 2015). Pages 216-219.

14. 感谢克里斯蒂·哈格隆德所分享的故事，他同时指出巴赫的作品本身也遵循一套严格的规范——巴赫创造性地提出"调停"的音调，即遍历所有的"音调与半音调"，从C大调到B大调之间用12个半音阶实现过渡，并表现出每个大调与小调的前奏与赋格。所有这些都是人为的制约。正是这种制约是的后来的浪漫主义（甚至像古诺和斯特拉文斯基）得以借力，在打破限定后迸发出强烈的情绪。

15. D. A. Bednar, "Bear Up Their Burdens with Ease," The Church of Jesus Church of Latter-day Saints, April 2014, accessed January 5, 2015, https://www.lds.org/general-conference/2014/04/bear-up-their-burdens-with-ease?lang=eng.

16. Sturt, D., *Great Work* (New York: McGraw-Hill, 2014). Page 30.

第四章

1. J. Twenge and J. Foster, "Birth Cohort Increases in Narcissistic Personality Traits Among American College Students, 1982-2009," *Social Psychology and Personality Science* Volume 1, Issue 1, (2010). Pages 99-106.

2. M. Heffernan, *Willful Blindness* (New York: Walker Publishing Company, 2010). Page 7.
3. C. Christensen, *The Innovator's Dilemma* (Cambridge, MA: Harvard Business School Press, 1997). Page xii.
4. Michael Simmons, "The No. 1 Predictor of Career Success According to Network Science," *Forbes*, January 14, 2015, accessed March 6, 2015, http://www.forbes.com/sites/michaelsimmons/2015/01/15/this-is-the-1-predictor-of-career-success-according-to-network-science/.
5. B. Uzzi, S. Mukherjee, M. Stringer, and B. Jones, "Atypical Combinations and Scientific Impact," *Science* Volume 342, Issue 6257 (2013). Pages 468-472.
6. W. Johnson, "To Innovate in a Big Company, Don't Think 'Us Against Them,' " *Harvard Business Review,* September 23, 2014, https://hbr.org/2014/09/to-innovate-in-a-big-company-dont-think-us-against-them/.
7. *Economist,* "The Jobs Machine," *Economist,* April 13 2013, http://www.economist.com/news/business/21576101-start-ups-founded-immigrants-are-creating-jobs-all-over-america-jobs-machine.
8. P. Piff, "Wealth and the Inflated Self," *Personality and Social Psychology Bulletin* December 19, 2013. Pages 34-49.
9. D. Rauch et al., "Failure Chronicles," *Harvard Business Review*, April 2011, https://hbr.org/2011/04/failure-chronicles/sb7.
10. J. Tierney, "A Serving of Gratitude May Save the Day," *New York Times*, November 21, 2011, http://www.nytimes.com/2011/11/22/science/a-serving-of-gratitude-brings-healthy-dividends.html?_r=1.
11. M. Beck, "Thank You. No, Thank You," *Wall Street*

注 释

Journal, November 23, 2010, http://www.wsj.com/articles/SB10001424052748704243904575630541486290052.

12. Mark Kirk, writer, director, producer, "The Warning," *Frontline*, aired on Public Broadcast System, October 20 2009, http://www.pbs.org/wgbh/pages/frontline/warning/.
13. P. R. Carlile and C. M. Christensen, "The Cycle of Theory Building in Management Research," *Harvard Business Review*, July 5, 2006, http://hbswk.hbs.edu/item/5422.html.
14. L. Wiseman, "Why Your Team Needs Rookies," *Harvard Business Review*, October 2, 2014, https://hbr.org/2014/10/why-your-team-needs-rookies.
15. M. Pipher, *Writing to Change the World* (New York: Riverhead Books, 2006). Page 139.

第五章

1. W. Johnson, "Digging Deeper, Yahoo Is Still Being Disrupted," LinkedIn, February 7, 2014, https://www.linkedin.com/pulse/20140207144449-3414257-digging-deeper-yahoo-the-disrupter-is-being-disrupted.
2. Chris Skinner, "mBank: The World's First Mobile Social Bank within a Bank, *Financial Services Club Blog*, The Finanser. (June 19, 2013). Retrieved from The Finanser: http://thefinanser.co.uk/fsclub/2013/06/mbank-the-worlds-first-mobile-social-bank-within-a-bank.html.
3. P. Nunes and T. Breene, *Jumping the S-Curve* (Boston: Harvard Business Review Press, 2011). Pages 152–156.
4. Joe Scarlett, Keynote at TN Governor's Conference for Economic Development. Joe Scarlett.com, accessed

March 19, 2015, http://joescarlett.com/videos.html.
5. E. Cherry, "The Unexpected and Wonderful Lessons of Being Fired," *Forbes,* January 22, 2015, http://www.forbes.com/sites/ellevate/2015/01/22/the-unexpected-and-wonderful-lessons-of-being-fired/.
6. C. M. Christensen, J. Allworth, and K. Dillon, *How Will You Measure Your Life?* (New York: Harper Collins, 2012). Page 51.
7. W. Johnson, "Rebecca Jackson: Under the Skin," *Whitney Johnson* blog, September 11 2012, http://whitneyjohnson.com/rebecca-jackson-under-the-skin/.
8. E. H. Schein, *Humble Inquiry* (San Francisco: Berrett-Koehler Publishers, 2013). Page 18.
9. Lewis, M., *Moneyball* (New York: W.W. Norton & Company, 2011). Page 242.
10. Johnson, W., "Your Own Kind of Moneyball." *Harvard Business Review,* November 8, 2010, https://hbr.org/2010/11/your-own-kind-of-moneyball-the/.
11. Christensen, C. M., Allworth, J., & Dillon, K. (2012). *How Will You Measure Your Life?* New York: Harper Collins.
12. F. Johansson, *The Click Moment* (New York: Penguin, 2012). Pages 149-150.
13. R. Wiltbank, "Robert Wiltbank," Willamette University, March 19, 2015, http://www.willamette.edu/~wiltbank/seattle_angel_conference_may_2012.html.
14. Sylvia Vorhauser-Smith, *The Neuroscience of Learning and Development,* Page Up People, March 19, 2015, http://www.pageuppeople.com/wp-content/uploads/2012/06/Neuroscience-of-Learning-and-Development1.pdf.

第六章

1. C. M. Mueller and C. S. Dweck, "Praise for Intelligence Can Undermine Children's Motivation and Performance," *Journal of Personality and Social Psychology* Volume 75, Issue 1 (1998). Pages 33-52.
2. H. G. Halvorson, "The Trouble With Bright Kids," *Harvard Business Review*, November 28, 2011, https://hbr.org/2011/11/the-trouble-with-bright-kids/.
3. J. E. Glaser, "Your Brain Is Hooked on Being Right," *Harvard Business Review*, February 23, 2013, https://hbr.org/2013/02/break-your-addiction-to-being/.
4. T. Shahar, "Learn to Fail or Fail to Learn" (presented at the Mind and Its Potential Conference, Sydney, Australia, November 18-19, 2010).
5. M. Lewis, 'The No-Stats All-Star," *New York Times*, February 13, 2009, http://www.nytimes.com/2009/02/15/magazine/15Battier-t.html?pagewanted=all&_r=0
6. William Shakespeare, *Henry VI*, Part III (Act II, Scene I, Line 85).
7. B. Brown, *Daring Greatly* (New York: Random House, 2012).
8. E. Ries, *The Lean Startup* (New York: Crown Business, 2011). Page 38.
9. E. Ries, *The Lean Startup* (New York: Crown Business, 2011). Page 49.
10. A. Tugend, "Winners Never Quit? Well, Yes, They Do," August 15, 2008, http://www.nytimes.com/2008/08/16/business/16shortcuts.html?_r=3&ref=business&oref=slogin&.

11. *Wikipedia*, "5 Whys," accessed March 19, 2015, http://en.wikipedia.org/wiki/5_Whys.

第七章

1. R. McGrath and I. MacMillan, "Discovery-Driven Planning," *Harvard Business Review,* July 1995, https://hbr.org/1995/07/discovery-driven-planning/ar/1.
2. *Wikipedia*, "Discovery Driven Planning," accessed March 19, 2015, http://en.wikipedia.org/wiki/Discovery-driven_planning.
3. D. Brooks, "It's Not About You," *New York Times,* May 30, 2011, http://www.nytimes.com/2011/05/31/opinion/31brooks.html.
4. Korn Ferry, "Korn Ferry Survey: 87 Percent of Executives Want to Be CEO," October 2 2014, http://www.kornferry.com/press/korn-ferry-survey-87-percent-of-executives-want-to-be-ceo-yet-only-15-percent-of-execs-are-learning-agile-a-key-to-effective-leadership/.
5. A. Bhide, *The Origin and Evolution of New Businesses* (New York: Oxford University Press, 2000). Pages 207-215
6. L. E. McLeod, *Selling with Noble Purpose* (New York: Wiley, 2012). Page xv-xvi.

后 记

1. B. Mandelbrot, *The (Mis)behavior of Markets* (New York: Basic Books, 2004). Pages 11-12.

参考文献

Beck, Melinda. "Thank You. No, Thank You." *Wall Street Journal,* November 23, 2010. http://www.wsj.com/articles/SB10001424052748704243904575630541486290052.

Bednar, David A. "Bear Up Their Burdens with Ease." The Church of Jesus Christ of Latter-day Saints. April 2014. Accessed January 5, 2015. https://www.lds.org/general-conference/2014/04/bear-up-their-burdens-with-ease?lang=eng.

Bhide, Amar. *The Origin and Evolution of New Businesses.* New York: Oxford University Press, 2000.

Bienkowski, Sandra. "1-on1: Marcus Buckingham." *Success,* November 29, 2009. Accessed January 5, 2015. http://www.success.com/article/1-on-1-marcus-buckingham.

Brooks, David. "It's Not About You." *New York Times,* May 30, 2011. http://www.nytimes.com/2011/05/31/opinion/31brooks.html.

Brown, Brené. *Daring Greatly.* New York: Random House, 2012.

Bryant, Adam. "Conquering Your Fears of Giving Feedback." *New York Times,* December 29, 2012. Accessed January

5, 2015. http://www.nytimes.com/2012/12/30/business/karen-may-of-google-on-conquering-fears-of-giving-feedback.html?pagewanted=2.

Burnett, Mark, Clay Newbill, and Phil Gurin, executive producers. *Shark Tank,* Season 6, Episode 2. Aired on ABC September 26, 2014. Accessed October 30, 2014. http://abc.go.com/shows/shark-tank/episode-guide/season-06/602-season-6-premiere-roominate-wedding-wagon-floating-mug-and-kronos-golf.

Burroughs, Augusten. "Two-Minute Memoir: How to Ditch a Dream." *Psychology Today,* May 1, 2012. Accessed January 5, 2015. http://www.psychologytoday.com/articles/201206/two-minute-memoir-how-ditch-dream.

Carlile, Paul R., and Clayton M. Christensen. "The Cycle of Theory Building in Management Research." H*arvard Business Review,* July 5, 2006. http://hbswk.hbs.edu/item/5422.html.

Carson, Erin. "Vala Afshar: CMO. Writer. Twitter Storyteller. Future Restaurant Owner." *Tech Republic*, August 8, 2014. Accessed January 5, 2015. http://www.techrepublic.com/article/vala-afshar-cmo-writer-twitter-storyteller-future-restaurant-owner/.

Catalyst. *Percentage of Women Partners in Law Firms from 1995-2013 in the U.S., Select Years.* December 10, 2014. Accessed January 5, 2015, from http://www.catalyst.org/knowledge/percentage-women-partners-law-firms-1995-2013-us-select-years.

Chang, Kenneth. "Water Found on Moon, Researchers Say." *New York Times*, November 13, 2009. Accessed January 5, 2015. http://www.nytimes.com/2009/11/14/science/14moon.html?_r=1&.

Cherry, Elin. "The Unexpected and Wonderful Lessons of

Being Fired." *Forbes,* January 22, 2015. http://www.forbes.com/sites/ellevate/2015/01/22/the-unexpected-and-wonderful-lessons-of-being-fired/.

Christensen, Clayton M. (1997). *The Innovator's Dilemma.* Cambridge, MA: Harvard Business School Press.

Christensen, Clayton M., James Allworth, and Karen Dillon. *How Will You Measure Your Life?* New York: HarperCollins, 2012.

Christensen, Clayton M., Richard Alton, Curtis Rising, and Andrew Waldeck. (2011, March). "The Big Idea: The New M&A Playbook." *Harvard Business Review,* March 2011. Accessed March 5, 2015. https://hbr.org/2011/03/the-big-idea-the-new-ma-playbook/ar/1.

Coyle, Daniel. (2013, January 7). "How to Get Better Feedback." *The Talent Code* blog, January 7, 2013. Accessed January 5, 2015.

Dugatkin, Lee Alan and Jean-Guy J. Godin. "Female Mating Preference for Bold Males in the Guppy *Poecilia reticulata.*" *Proceedings of the National Academy of Science of the United States of America* Volume 93 (1996): 10262–10267.

Dugatkin, Lee Alan. "The Evolution of Risk Taking." Dana Foundation, 2013, January 1, 2013. Accessed October 30, 2014. http://www.dana.org/cerebrum/default.aspx?id=39485.

Duhigg, Charles. *The Power of Habit.* New York: Random House, 2012.

Economist. "The Jobs Machine." *Economist,* April 13, 2013. http://www.economist.com/news/business/21576101-start-ups-founded-immigrants-are-creating-jobs-all-over-america-jobs-machine.

Entrepreneur magazine. "*Entrepreneur* Magazine's Hot 500." July 31, 2007. Accessed January 5, 2015. http://www.entrepreneur.com/article/181886.

Fasal Intuit. Fasal Intuit home page. Accessed January 5, 2015. http://fasal.intuit.com/.

Gladwell, Malcolm. *David and Goliath*. New York: Little, Brown and Company, 2013.

Glaser, Juduth E. "Your Brain Is Hooked on Being Right." *Harvard Business Review,* February 23, 2013. https://hbr.org/2013/02/break-your-addiction-to-being/.

Grush, Mary. "Blazing the Trail: Competency Based Education at SNHU." *Campus Technology*, December 13, 2013. Accessed January 5, 2015. http://campustechnology.com/articles/2013/12/18/competency-based-education-at-snhu.aspx.

Halvorson, Heidi Grant. "The Trouble with Bright Kids." *Harvard Business Review,* November 28, 2011. https://hbr.org/2011/11/the-trouble-with-bright-kids/.

Halvorson, Heidi Grant., and E. Tory Higgins. *Focus*. New York: Hudson Street Press, 2013.

Heffernan, Margaret. *Willful Blindness*. New York: Walker Publishing Company, 2010.

Hsu, Ming, Meghana Bhatt, Ralph Adolphs, Daniel Tranel, and Colin F. Camerer. "Neural Systems Responding to Degrees of Uncertainty in Human Decision-Making." *Science* Volume 310, Issue 5754 (2005): 1680–1683.

Hylton, Wil S. "The Unbreakable Laura Hillenbrand." *New York Times,* December 18, 2014. Accessed January 5, 2015. http://www.nytimes.com/2014/12/21/magazine/the-unbreakable-laura-hillenbrand.html?_r=0.

Iansiti, Marco, and Roy Levien. "Strategy for Small Fish." Harvard Business School, August 23, 2004. Accessed March 19, 2015. http://hbswk.hbs.edu/item/4331.html.

Isen, Alice M. "Missing in Action in the AIM: Positive Affects Facilitation of Cognitive Flexibility, Innovation and Problem Solving." *Psychological Inquiry* Volume 13, Issue 1(2002): 57–65.

Johansson, Frans. *The Click Moment*. New York: Penguin, 2012.

Johnson, Whitney. "How to Identify Your Disruptive Skills." *Harvard Business Review,* October 4, 2010. Accessed January 5, 2015. https://hbr.org/2010/10/how-to-identify-your-disruptiv.

Johnson, Whitney. *Harvard Business Review*, January 11, 2011. Accessed October 30, 2014. http://blogs.hbr.org/2011/01/thank-you-for-doing-your-job/.

Johnson, Whitney. "Rebecca Jackson: Under the Skin." *Whitney Johnson* blog, September 11, 2012. http://whitneyjohnson.com/rebecca-jackson-under-the-skin/.

Johnson, Whitney. "Throw Your Life a Curve." *Harvard Business Review*, September 3, 2012. Accessed March 5, 2015. https://hbr.org/2012/09/throw-your-life-a-curve/.

Johnson, Whitney. (2014, February 7). *Digging Deeper, Yahoo is Still Being Disrupted*. Accessed from Linkedin: https://www.linkedin.com/pulse/20140207144449-3414257-digging-deeper-yahoo-the-disrupter-is-being-disrupted

Johnson, Whitney. "Disrupt Yourself." *Harvard Business Review*, September 1, 2014.

Johnson, Whitney. "To Innovate in a Big Company, Don't Think 'Us Against Them.'" *Harvard Business Review*, September 23, 2014. https://hbr.org/2014/09/to-innovate-in-a-big-company-dont-think-us-against-them/.

Kaplan, Saul. "How not to get 'Netflixed.'" *Fortune* magazine, October 11, 2011.

Kaufman, Scott Barry. "Does Creativity Require Constraints?" *Psychology Today*, August 30, 2011. Accessed March 7, 2015. https://www.psychologytoday.com/blog/beautiful-minds/201108/does-creativity-require-constraints.

Kirk, Mark, writer, director, producer. "The Warning." *Frontline*. Aired on Public Broadcast System, October 20, 2009. http://www.pbs.org/wgbh/pages/frontline/warning/.

Korn Ferry. "Korn Ferry Survey: 87 Percent of Executives Want to Be CEO." October 2, 2014. http://www.kornferry.com/press/korn-ferry-survey-87-percent-of-executives-want-to-be-ceo-yet-only-15-percent-of-execs-are-learning-agile-a-key-to-effective-leadership/.

Lambie, Ryan. "The Production Nightmares That Made Jaws a Classic." Den of Geek, September 5, 2012. Accessed January 5, 2015. http://www.denofgeek.com/movies/22547/the-production-nightmares-that-made-jaws-a-classic.

Loukides, Mike. "The Revolution in Biology Is Here, Now." *O'Reilly Radar* blog, December 9, 2014. Accessed March 15, 2015. http://radar.oreilly.com/2014/12/the-revolution-in-biology-is-here-now.html.

Mandelbrot, Benoit. *The (Mis)behavior of Markets*. New York: Basic Books, 2004.

McGrath, Rita, and Ian MacMillan. "Discovery-Driven Planning." *Harvard Business Review*, July 1995. https://hbr.org/1995/07/discovery-driven-planning/ar/1.

McLeod, Lisa E. *Selling with Noble Purpose*. New York: Wiley, 2012.

Mendez, Juan Carlos. "S-Curve Model for Facebook and Dropbox User Adoption." *Juan Carlos Mendez* blog, August 21, 2012. Accessed March 5, 2015. http://jcmendez.info/2012/08/21/s-curve-model-for-facebook-and-dropbox-user-adoption.html.

Morgan, Adam, and Mark Barden. *A Beautiful Constraint.* Hoboken, New Jersey: John Wiley & Sons, 2015.

Mueller, Claudia M., and Carol S. Dweck. "Praise for Intelligence Can Undermine Children's Motivation and Performance." *Journal of Personality and Social Psychology* Volume 75, Issue 1 (1998): 33–52.

Nunes, Paul, and Tim Breene. *Jumping the S-Curve.* Boston: Harvard Business Review Press, 2011.

Oney, Steve. "The Defiant Ones." *Wall Street Journal,* November 12, 2010. Accessed January 5, 2015. http://www.wsj.com/articles/SB10001424052748703514904575602540345409292.

Pascual-Leone, Alvaro, Amir Amedi, Felipe Fregni, and Lotfi B. Merabet. "The Plastic Human Brain Cortex." *Annual Review of Neuroscience* Volume 28 (2005): 377–401.

Piff, Paul K. "Wealth and the Inflated Self." *Personality and Social Psychology Bulletin* (2013, December 19): 34–49.

Pipher, Mary. *Writing to Change the World.* New York: Riverhead Books, 2006.

Rangaswami, JP. "Thinking More About Twitter, Chatter and Knowledge Worker Pheromones." *Confused of Calcutta* blog, April 24, 2011. Accessed October 30, 2014. http://confusedofcalcutta.com/2011/04/24/thinking-more-about-twitter-chatter-and-knowledge-worker-pheromones/.

Rauch, Doug. "Failure Chronicles." *Harvard Business Review,* April 2011. https://hbr.org/2011/04/failure-chronicles/sb7.

Ries, Eric. *The Lean Startup,* New York: Crown Business, 2011

Rollins, Pam. Fox *42 Rules for Your New Leadership Role.* Super Star Press, 2011.

Scarlett, Joe. Joe Scarlett.com. Keynote at TN Governor's Conference for Economic Development accessed March

19, 2015. http://joescarlett.com/videos.html.

Schein, Edgar H. *Humble Inquiry*. San Francisco: Berrett-Koehler Publishers, 2013.

Shahar, Tal Ben. "Learn to Fail or Fail to Learn." Presented at the Mind and Its Potential Conference, Sydney, Australia, 2010.

Sheldon, Kennon M., Richard M. Ryan, Laird J. Rawsthorne, and Barbara Ilardi. "Trait Self and True Self: Cross-Role Variation in the Big Five Personality Traits with Psychological Authenticity and Subjective Well-Being." *Journal of Personal and Social Psychology* Volume 73, Issue 6 (1997): 1380–1391.

Simmons, Michael. "The No.1 Predictor of Career Success According to Network Science." *Forbes*, January 15, 2015. http://www.forbes.com/sites/michaelsimmons/2015/01/15/this-is-the-1-predictor-of-career-success-according-to-network-science/.

Skinner, Chris. "mBank: The World's First Mobile Social Bank within a Bank." *Financial Services Club Blog*, June 19, 2013. http://thefinanser.co.uk/fsclub/2013/06/mbank-the-worlds-first-mobile-social-bank-within-a-bank.html.

Starecheski, Laura. "This Is Your Stressed-Out Brain on Scarcity." National Public Radio *Shots* blog, July 14, 2014. Accessed March 7, 2015. http://www.npr.org/blogs/health/2014/07/14/330434597/this-is-your-stressed-out-brain-on-scarcity.

Sturt, David. *Great Work*. New York: McGraw-Hill, 2014.

Tierney, John. "A Serving of Gratitude May Save the Day." *New York Times,* November 21, 2011. http://www.nytimes.com/2011/11/22/science/a-serving-of-gratitude-brings-healthy-dividends.html?_r=1.

Tuttle, Dave. "Cortisol." *Life Extension Magazine*, July

2004. Accessed October 30, 2014, http://www.lef.org/magazine/2004/7/report_cortisol/Page-01.

Twenge, Jean M, and Joshua D. Foster. "Birth Cohort Increases in Narcissistic Personality Traits Among American College Students, 1982-2009." *Social Psychology and Personality Science* Volume 1, Issue 1(2010):99-106.

Ulwick, Anthony W. "Turn Customer Input into Innovation." *Harvard Business Review*, March 4, 2002.

Uzzi, Brian, Satyam Mukherjee, Michael Stringer, and Ben Jones. "Atypical Combinations and Scientific Impact." *Science* Volume 342, Issue 6257 (2013): 468–472.

Vorhauser-Smith, Sylvia. *The Neuroscience of Learning and Development*. Page Up People, March 19, 2015. http://www.pageuppeople.com/wp-content/uploads/2012/06/Neuroscience-of-Learning-and-Development1.pdf.

Wikipedia. "5 Whys." Accessed March 19, 2015. http://en.wikipedia.org/wiki/5_Whys.

Wikipedia. "Discovery Driven Planning." Accessed March 19, 2015, http://en.wikipedia.org/wiki/Discovery-driven_planning.

Wilson, David S., Kristine Coleman, Anne B. Clark, and Laurence Biederman. "Shy-Bold Continuum in Pumpkinseed Sunfish (Lepomis gibbosus): An Ecological Study of a Psychological Trait." *Journal of Comparative Psychology* Volume 107, Issue 3 (1993): 250–260.

Wilson, David S., Anne B. Clark, Kristine Coleman, and Ted Dearstyne. "Shyness and Boldness in Humans and Other Animals." *Trends in Ecology and Evolution* Volume 9, Issue 11, (1994): 442–446.

Wiltbank, Robert. "Robert Wiltbank." Willamette University, March 19, 2015. http://www.willamette.edu/~wiltbank/

seattle_angel_conference_may_2012.html.

Wiseman, Liz. "Why Your Team Needs Rookies." *Harvard Business Review,* October 2, 2014. https://hbr.org/2014/10/why-your-team-needs-rookies.

World Bank. *World Development Report 2015 Explores "Mind, Society, and Behavior."* World Bank, December 2, 2014. Accessed March 7, 2015. http://www.worldbank.org/en/news/feature/2014/12/02/world-development-report-2015-explores-mind-society-and-behavior.